Linde von Keyserlingk

Geschichten für die Kinderseele

Linde von Keyserlingk

Geschichten für die Kinderseele

Herder Freiburg · Basel · Wien

Gedruckt auf umweltfreundlichem,
chlorfrei gebleichtem Papier

Einbandillustration: Pablo Picasso, Portrait de Paul enfant, 1923
                    © Succession Picasso. VG Bild-Kunst, Bonn 1996
Umschlaggestaltung: Meike Hürster, Freiburg

6. Auflage

Herstellung: Freiburger Graphische Betriebe 1998
ISBN 3-451-23563-3

Inhalt

Inhalt

Inhalt

7

Inhalt

9

Liebe Erwachsene!

Wenn wir mitten im Leben stehen, so erscheint uns dieses Leben oft sehr verwirrend, von Zufällen bestimmt und ungereimt. Je jünger wir sind, je weniger Vorerfahrungen wir haben, um so hilfloser und hoffnungsloser fühlen wir uns oft einer unerklärlichen Ungewißheit ausgeliefert.

Betrachten wir aber einen Lebenslauf oder einen Lebensabschnitt nachträglich, so erscheint er uns wie eine sinnvoll komponierte Geschichte, deren Verlauf und Ende von Anfang an geplant war. Schreibt dann jemand diese Lebensgeschichte nieder, so ist sie einerseits wahr, andererseits aber auch eine Erfindung. Denn der Schreiber wählt die ihm zur Verfügung stehenden Worte, um auszudrücken, welche Gefühle, Empfindungen und Gedanken er beim Erleben seiner Geschichte hatte, welchen Umständen er die Entstehung dieser Empfindungen zuschreibt, und welche Bedeutung er dem allen gibt. Was erzählt er, und warum erzählt er es? Was geschieht mit den Lauschenden, wenn es auf diese Weise erzählt wird? Würde ein anderer die Geschichte anders erzählen?

Geschichtenerzähler gibt es seit Menschengedenken. Ihnen kam in allen alten Kulturen eine hohe Bedeutung zu. Heute würde man sie Priester, Lehrer oder Psychotherapeuten nennen. Sie erzählten die alten Geschichten wieder und wieder, und beim wohligen Gefühl vertrauter Nähe nahmen die Lauschenden unbemerkt Lebensweisheiten auf. Ich selbst habe noch erlebt, wie ein Märchenerzähler in Tunesien aus dem „Buch der Könige" vorlas und einige Männer im Teehaus beim Zuhören weinten. So fühlen manche Erwachsene vielleicht noch das weinende

11

Kind von damals in sich, das durch Geschichten getröstet werden kann.

Aus dem Orient sind uns viele alte Geschichtenerzähler und ihre Geschichten bekannt. Etwa die weise Amme Sütlümene, die einer hochmütigen Prinzessin an tausend und einem Tag Geschichten erzählte und sie dadurch verwandelte. Oder der sprechende Papagei, der der einsamen jungen Kaufmannsfrau all die Geschichten erzählte, die im *Tutinameh* (dem ältesten Märchenbuch der Welt) gesammelt sind. Am bekanntesten wurden die Geschichten, die die schöne Schahrazade in tausend und einer Nacht dem grausamen König Schahriar erzählte, von dem es heißt: Er bewunderte die Könige und Helden in ihren Geschichten, und allmähliche wünschte er, ihnen zu gleichen.

Auch skandinavische, asiatische und indianische Kulturen berichten von wandernden Geschichtenerzählern, deren Geschichten große Macht zugesprochen wurde. Mario Vargas Llosa, Isaac Singer und viele andere Autoren erzählen uns „Geschichten von Geschichtenerzählern".

Wenn wir an unsere eigene Kultur denken, fallen uns die Brüder Grimm ein. Sie erzählten die Märchen allerdings nicht, sondern sammelten sie und schrieben sie auf. Sie bewahrten sie für uns in Zeiten der Aufklärung, indem sie ihnen einen Platz in der neu entstandenen „Kinderkultur" gaben.

„Das Märchen, das noch heute der erste Ratgeber der Kinder ist, weil es einst der erste der Menschheit gewesen ist, lebt insgeheim in der Erzählung fort. Der erste wahre Erzähler ist und bleibt der von Märchen. Wo guter Rat teuer war, wußte das Märchen ihn, und wo die Not am höchsten war, war seine Hilfe am nächsten." (Walter Benjamin)

Märchen haben eine ganz eigene Erzählgrammatik. Man muß

sie sehr genau kennen, um neue Märchen erfinden zu können. Freifließend erfundene Geschichten verdienen bei weitem nicht alle den Namen Märchen.

Die Geschichten in diesem Buch sind keine Märchen. Sie schließen vielmehr an die Tradition der „Teaching-Stories" oder therapeutischer Metaphern an. Auch sie haben eine Erzählgrammatik.

Sie erzählen eine äußere Begebenheit, ein kleines Stück Leben, das analog zu der Schicksalssituation eines Zuhörenden gewählt worden ist.

„Ich kannte mal einen Jungen, der war auch oft so wütend..."

„Da geht es dir ja wie dem Max, der mußte auch mal so weinen..."

„Das ist ja bei euch wie in dem Land, wo's nur Könige gab..."

Um Aufmerksamkeit für die dann folgende Geschichte zu bekommen, bedarf es einer vertrauten Situation. Vertrautheit entsteht durch Wohlwollen, Nähe und Gewohnheit. Liebe ist so ein hoher Anspruch und nicht in gleicher Weise gegenüber allen Kindern erfüllbar. Aber Wohlwollen kann jeder jedem entgegenbringen. Wir können den Kindern Sicherheit durch unsere körperliche und emotionale Nähe bieten. Viele Eltern nehmen ihre Kinder oft beim Vorlesen auf den Schoß. Ich mußte früher im Kinderhaus oft meinen weiten, bunten Rock ausbreiten, damit alle Kleinkinder darauf Platz hatten, während ich vorlas.

Auch Gewohnheit ist wichtig und stärkt Vertrauen. Darum sind Gutenachtgeschichten und Wiederholungen so beliebt. Vertrautheit ist eine der wichtigsten Ressourcen für die Gesamtentwicklung der Kinder. Und auch wir Erwachsenen haben ja etwas davon, denn es ist ebenso schön, angeschmiegt an eine geliebte Person oder ein Persönchen, Geschichten zu hören, als auch Geschichten vorzulesen oder zu erzählen. Auch unsere eigenen Existenzängste schwinden in dieser Geborgenheit, egal, ob wir Vertrautheit herstellen oder empfangen können.

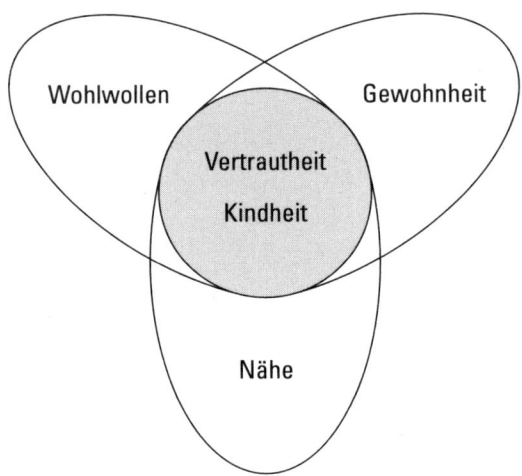

Beginnt nun eine Geschichte, so hält sie sich eine Weile auf der Ebene eines Ereignisberichts, in den der Hörer sich „einklinken" kann. Jeder kennt zum Beispiel so eine Geschichte wie die vom bitterbösen Friedrich, ein bißchen von sich selbst, ein bißchen von anderen.

„Traf er einen Hund, so bewarf er ihn mit Steinen. Sah er eine Kröte, so trat er sie tot. Er zerstörte im Vorbeigehen die Sandburg der Nachbarskinder, warf den Puppenwagen von Anneliese um und das Tintenfaß von Karl. Er schlug Ottmar das Wurstbrot aus der Hand, so daß es mit der Butterseite nach unten in den Schmutz fiel, und stellte der Lore ein Bein. Über ihr aufgeschlagenes Knie lachte er dann hämisch."

Der Erlebnisbericht erzählt die Geschichte vom Dreinschlagen und Kaputtmachen. Friedrich ist scheinbar Herr der Lage.

„Alle Kleineren in der Klasse hatte er schon verprügelt und sieben zerbrochene Fensterscheiben gingen auf sein Konto. Wenn der Lehrer von den Missetaten erfuhr, verprügelte er Friedrich mit dem Rohrstock und stellte ihn in die Ecke."

Alles klar. Die anderen sind schuld.

Das Unbewußte des Hörers fühlt aber auch die Angst und Hilflosigkeit, die hinter der Aggression steht, das Mißtrauen allen anderen gegenüber, und die Scham über das eigene, schuldhafte Verhalten.

An einer bestimmten Stelle hebt dann die Metapher fast unbemerkt vom Erlebnisbericht ab.

„Eines Tages ging er über den Markt. Da saß eine alte Frau mit einem Apfelkorb. Friedrich kickte im Vorbeigehen den Apfelkorb um. ‚Hexe, Hexe‘, rief er schadenfroh und wollte weitergehen. Aber da blieb er plötzlich wie angewurzelt stehen. Was hatte er da gehört? ‚Komm doch mal her, Friederle‘, hatte die alte Frau gerufen."

Die Apfelfrau verhält sich unerwartet anders, „angemessen ungewöhnlich", wie wir sagen, und eröffnet ihm damit eine Handlungs- und Bewertungsalternative. Niemand fühlt sich in der Lage, diesen Friedrich zu lieben. Aber Wohlwollen ist machbar.

Im Weiteren setzt nun die Geschichte zu den unbewußt empfundenen Gefühlen Kontraste. Wo Angst war, entsteht mutiges (innovatives) Handeln, Hilflosigkeit findet einen Ausweg, Mißtrauen wird nicht mehr verallgemeinert, sondern findet zu Vertrauen, Scham und Schuld zu Wiedergutmachung.

„Der Apfel, den du grade gegessen hast, das ist ein Zauberapfel gewesen. Das wirst du schon merken." Daran mußte der Friedrich nun immerzu denken, und bald wußte er, was der Zauber war. Er war langsam geworden. Hob er einen Stein auf, um den Hund damit zu bewerfen, so blieb seine Hand auf halbem Wege stehen. „Was für ein schöner Kieselstein", dachte er und steckte ihn in die Tasche...

Er entdeckte den Tunnel in der Sandburg und die komische Mickymaus im Puppenwagen. Er war zu langsam, um Lore ein Bein zu stellen und sah zum ersten Mal ihre Sommersprossen...

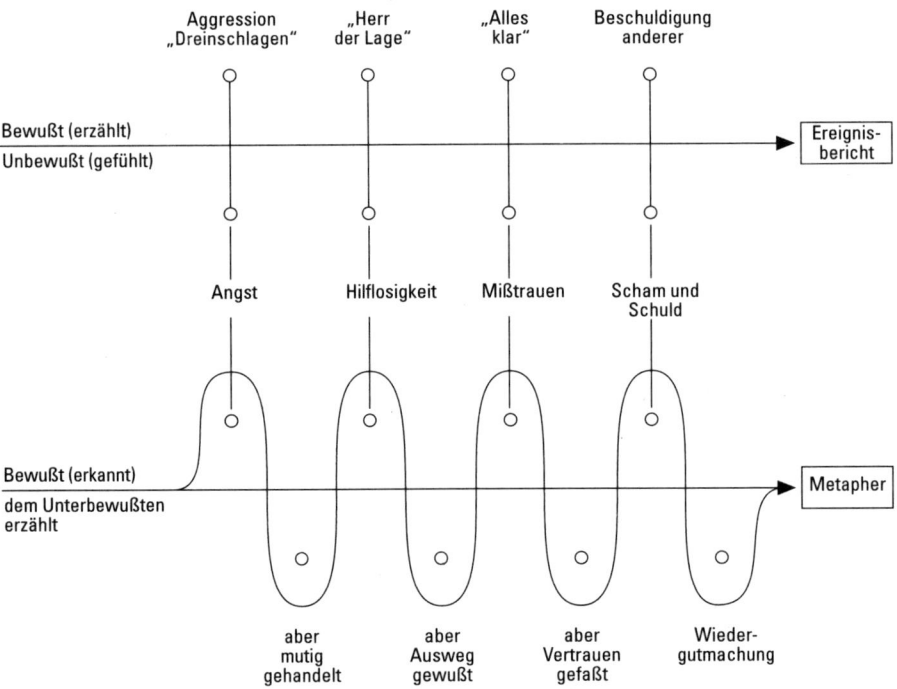

(nach Stephen Lankton)

Das alles ist ganz unspektakulär. Es wird niemals nach Schuldigen gesucht, die bestraft werden, sondern es werden Erklärungen und Lösungen angeboten. Anbieten, nicht besser wissen, ist wichtig, denn es eröffnet auch beim Hörenden ein Suchverhalten nach möglichen, eigenen Lösungen.

„Wen könnte ich denn mal nach meinem Vater fragen..."

Nun wird man diese Geschichte ja nicht nur gezielt einem bestimmten Kind zu seinem bestimmten Problem vorlesen. Vielmehr werden oft mehrere Kinder mehrere Geschichten mehrmals hören. Und das ist gut so. Das Leben ist so vielfältig. Wir leben es selbst, erleben es mit anderen zusammen und schaffen uns zuweilen ein erzähltes Leben. Wenn wir andere verstehen, verstehen wir auch uns selbst besser und umgekehrt. Kinder schauen, wie wir Erwachsene es machen, und lernen am Modell. Sie lernen für die Zukunft und auf alle Fälle. Je größer ihr Informationsschatz ist, um so besser. Ich habe erlebt, daß in Familien manches aus den Geschichten zum „geflügelten Wort" wurde. Zum Beispiel:

„Der Korb ist gemacht" oder „Ach Herbertle, was suchst denn schon wieder?"

Die Geschichten erzählen alle davon, daß das Menschenkind kein einsamer Wolf, sondern ein Gruppenwesen ist, daß wir alle nur leben und überleben können, wenn wir einander helfen.

„Gerade so wie Menschen, denen wir offensichtlich rein zufällig begegnen, zu bedeutsamen Wirkungskräften in unserem Leben werden, so wird man selbst, ohne sich dessen bewußt zu sein, zu einem Wirkungsfaktor, der dem Leben der anderen Bedeutung verleiht" (Joseph Campell). Manchmal ist dazu nur eine kleine Geschichte nötig oder ein Verhalten, das „angemessen ungewöhnlich" ist. Vor allem aber Wohlwollen und emotionale Nähe.

17

Liebe Kinder!

Diese Geschichten sind für Euch.

Viele kleine und große Menschen haben sie mir erzählt oder sie mich miterleben lassen. Dann habe ich sie aufgeschrieben.

Sie haben alle ein gutes Ende wie die Märchen.

Es ist nämlich sehr wichtig, allen Geschichten unseres Lebens, auch den traurigen, ein gutes Ende zu geben. Oft brauchen wir dazu die Hilfe von anderen.

Ihr werdet Euch vielleicht fragen, warum dieses Buch „Geschichten für die Kinderseele" heißt.

Es gab einmal einen weisen alten Mann, der lebte in China und hieß Laotse. Er schrieb ein kleines Buch über das große Leben und das gute Ende jeder Geschichte. In einem Kapitel heißt es:

Der Reifen eines Rades
wird gehalten von den Speichen,
aber das Leere zwischen ihnen
ist das Sinnvolle beim Gebrauch.

Aus nassem Ton formt man Gefäße,
aber das Leere in ihnen
ermöglicht das Füllen der Krüge.

Aus Holz zimmert man Türen und Fenster,
aber das Leere in ihnen
macht das Haus bewohnbar.

So ist das Sichtbare zwar von Nutzen,
doch das Wesentliche bleibt unsichtbar.

Ebenso ist das Wesentliche an Euch unsichtbar, nämlich wie Ihr lebt, lacht, weint, liebt, wütend seid, Mitleid empfindet, Euch freut, wie Ihr träumt, malt, musiziert, denkt, rechnet, spielt.

Das ist alles unsichtbar, und man kann es auch mit Seele bezeichnen - in Ergänzung zum Körper.

Wenn ich Euch vom Jörgle erzähle, das auf der Schwäbischen Alb wohnt, ist es nicht so wichtig, wie er aussieht. Übrigens könnte er auch Hans heißen und auf Sylt wohnen, oder Mechmed in der Türkei. Wichtig an der Geschichte ist, daß ihn seine Gefühle erdrücken, weil unwissende Leute ihm gesagt haben, daß ein Junge nicht weinen darf. Darum braucht er Freunde, den Schäfer, das Schaf und schließlich auch die Elsbeth, die ihm sein Leben verständlich und annehmbar machen, damit er wieder lachen kann. So passiert zwar auch sichtbar etwas in der Geschichte, aber das Wesentliche geschieht unsichtbar, in der Seele nämlich.

Ebenso geht es dem Friedrich, der Elsbeth, dem Juri und Euch.

Vielleicht geht es Euch sogar manchmal wie der Franzi, dem Herbert oder gar der Brillenschlange?

Oder vielleicht – wenn Ihr all diese Geschichten gelesen oder vorgelesen bekommen habt – wollt Ihr selbst eine erzählen.

Das wäre schön!

Viele Grüße von   Eurer Linde

Unverstandene Kinder

Nichts gesagt

Im Remstal hat die Elsbeth gewohnt. Gleich nebenan vom Bauern Heinrich. Morgens mußte sie immer die Milch zum Frühstück holen. Einmal, als die Elsbeth den Milchtopf auf den Tisch gestellt hat, ist grade die Katze angesprungen gekommen. Die hat den Milchtopf umgestoßen.

In diesem Moment kam die Mutter zur Tür herein und hat gerufen: „Jetzt sei doch nicht immer so ungeschickt, Elsbeth. Schnell, hol einen Lappen und putz es wieder weg."

Die Elsbeth hat nichts gesagt.

Elsbeth hatte noch einen kleinen Bruder. Der hieß Thomas. Eines Tages, zur Mittagszeit, hat sie den Thomas vom Kindergarten abgeholt. Der Thomas ist in alle Pfützen reingetreten und hat nicht auf die Elsbeth hören wollen. Seine Hosenbeine sind ganz dreckig geworden. Als sie heimgekommen sind, stand der Vater schon in der Türe. „Ja, kannst du denn nicht besser auf deinen kleinen Bruder aufpassen, Elsbeth?" hat er gesagt.

Die Elsbeth hat nichts gesagt.

Sie ist schon in die Schule gegangen, die Elsbeth, und manchmal hat sie auch am Nachmittag Unterricht gehabt. Handarbeit zum Beispiel. Einmal hat ihr der freche Kurt das ganze Strickzeug verwirrt. Da ist die Lehrerin gekommen und hat gesagt: „Elsbeth, wenn du weiter so schlampig bist, muß ich dir eine Sechs geben."

Die Elsbeth hat nichts gesagt.

Für ihr Alter war die Elsbeth ziemlich klein und schüchtern. So haben die anderen Kinder gedacht, sie könnten sich über sie lustig machen. Auf dem Heimweg haben die große Regine und der freche Emil sie geschubst. „Du hohle Nuß!" haben sie gerufen. Die Elsbeth ist hingefallen und hat ein großes Loch im Strumpf und im Knie gehabt. „Dein Knie heilt von allein, der Strumpf nicht", hat die Mutter gesagt. „Du solltest besser aufpassen, wo du hintrittst."

Die Elsbeth hat nichts gesagt.

Zum nächsten Sonntag hat die Oma von der Elsbeth einen Hefezopf gebacken. Schon am Samstag. Und den hat sie bis zum anderen Tag in die Speisekammer gestellt. In der Speisekammer aber haben die Mäuse den Hefezopf angeknabbert. Das hat ausgesehen, als ob Kinderzähnchen daran genagt hätten. Als die Oma am Sonntag den Kaffeetisch gedeckt hat, da hat sie das bemerkt. Zu ihrer Zeit hätten die Kinder nicht genascht, hat sie gesagt, und das Naschen sei eine ganz große Unart. Und dabei hat sie immerzu die Elsbeth angeschaut, ganz vorwurfsvoll.

Die Elsbeth hat nichts gesagt.

Aber dann, als alle schon dabei waren, den restlichen Hefezopf in sich hineinzustopfen und die Großen Kaffee und die Kleinen Kakao getrunken haben, da hat die Elsbeth ganz plötzlich zu Heulen angefangen und konnte gar nicht mehr aufhören, hat geschluchzt und gerotzt und geplärrt wie ein Sturzbach im Frühling.

Da hat der Opa das Elsbethle auf den Schoß genommen, hat ihm die Nase geputzt und nur gesagt: „Jetzt erzähl' halt mal."

Da ist alles mit einem Mal aus der Elsbeth herausgesprudelt: Das mit der Katze, der Mama, dem Thomas, dem Papa, dem

Kurt, dem Strickzeug, der Lehrerin, der bösen Regine, dem Knie und den Strümpfen, den Mäusen, dem Hefezopf und der Oma. Plötzlich haben alle ganz bedeppert geschaut. „Ja, warum hast du denn nichts gesagt?" haben sie gesagt.

Liesel, du Schaf

Die Liesel hat es arg schwer gehabt. Dabei hat es niemand böse mit ihr gemeint. Aber nachgedacht haben die anderen sicher nicht viel, wenn sie zum Beispiel gesagt haben: „Liesel, du siehst aus wie ein Schaf, mit deiner langen Nase und den vielen Löckchen."

Da kann sich die Liesel kämmen wie sie will, mit noch so viel Frisierschaum und Gel. Die Locken bleiben. Und die Nase wird mit der Zeit auch nicht kürzer.

Und wenn die Liesel mal was fallen läßt oder vergißt, was doch, weiß Gott, jedem passieren kann, dann geht gleich das Geschrei los: „Also weißt du, Liesel, du bist doch wirklich ein Schaf!"

Das alles mußte die Liesel nun schon was weiß ich wie lang erdulden. Aber neulich, da hat sie auf einmal genug gehabt. Da ist sie einfach auf und davon, nur weg! Immer weiter und weiter, bis auf die Autobahn ist sie gerannt, und auch da immer weiter, Denkt mal, mitten auf der Autobahn! Wo das doch so gefährlich ist.

„Das geschieht denen ganz recht, wenn mir was passiert", hat sie gedacht, und dabei sind ihr vor Wut und Enttäuschung die Tränen am „Schafsnäschen" runtergelaufen.

Unterdessen haben Vater und Mutter sich immer mehr Sorgen gemacht, weil die Liesel nicht nach Hause kam. Sie haben hier angerufen und da angerufen. Aber nirgends war die Liesel, und nirgendwo hatte sie Bescheid gesagt. „So ein Schaf!"

Als es nun immer später wurde, hat die Mutter nervös zu bügeln angefangen, und der Vater hat die Zeitung gelesen. Die Geschwister sind ganz still gewesen, denn sie haben gemerkt, daß es jetzt ernst wurde. Plötzlich hat der Vater gerufen: „Hört euch das an!" und auf eine Nachricht in der Zeitung gedeutet. Und diese Nachricht hörte sich so an:

Auf der Bundesstraße 10

Schaf umzingelt

Wie in der Prärie ist es am Donnerstag gegen 15 Uhr auf der Bundesstraße 10 auf Höhe der Ausfahrt Neuwirtshaus zugegangen. Ein umherirrendes Schaf blockierte die Fahrspur stadteinwärts, so daß sich binnen kurzer Zeit ein Stau von rund einem Kilometer Länge bildete. Schließlich stellten einige Autofahrer ihre Fahrzeuge quer, ein weiterer Fahrer kramte einen Kälberstrick hervor. Zu guter Letzt schleppten Polizeibeamte gemeinsam mit einer jungen Frau das Schaf von der Fahrbahn. Weil der Besitzer des Tieres noch nicht festgestellt werden konnte, brachte es der Tiernotdienst in das Tierheim nach Botnang.

Nachdem der Vater fertig gelesen hatte, war es eine Weile ganz still im Zimmer. Dann rannte die Mutter zum Telefon und rief die Polizei an:

„Wissen Sie, wo..., haben Sie unser..., ich meine, können Sie mir sagen, ob bei Ihnen..." stotterte sie aufgeregt. Nachdem der Polizist die Mutter beruhigt und dann Näheres von ihr erfahren hatte, sagte er:

„Wir haben hier ein kleines Mädchen mit blonden Löckchen. Es verweigert jede Aussage und will auch nicht mehr nach Hause, weil es dort fälschlicherweise für ein Schaf gehalten wird."

Die Mutter berichtete den anderen, was der Polizist gesagt hatte, und alle waren sehr betreten. Dann griff der Vater zum Hörer und sagte: „Bitte, Herr Polizist, fragen Sie Elisabeth, ob wir kommen und sie abholen dürfen. Es tut uns nämlich sehr leid, und ohne sie können wir nicht leben."

Nun berichtete der Polizist der Liesel, was der Vater gesagt hatte. Da weinte die Liesel, wie nach einer langen Krankheit, und schluchzend flüsterte sie: „Ja, ja."

Bis die Eltern und Geschwister zum Abholen kamen, nahm der große, alte Polizist die kleine Liesel auf den Schoß, und sie tranken zusammen einen Kakao.

Von nun an war Elisabeth kein Schaf mehr.

Das Jörgle von Feldstetten

Das Jörgle von Feldstetten hat noch nie gelacht. Geweint hat es aber auch nicht. Immer ist es auf eine seltsame Art ernst gewesen. Das Jörgle hätte schon gern lachen mögen, wie die anderen Kinder auch. Aber es konnte nicht.

Eines Tages, als es Wacholderbeeren gesammelt hat, ist der alte Schäfer vorbei gekommen. „Büble", hat er gesagt. „Ich hab deine Mutter noch gekannt. – Du müßtest dich hat mal so richtig ausheulen bei jemand. Dann könntest du vielleicht auch wieder lachen."

Das Jörgle hat stumm auf seine Wacholderbeeren geschaut. Der Schäfer ist weitergezogen. Aber seine Worte sind dageblieben.

In der Schule hat das Jörgle neben der Elsbeth gesessen.

„Mir ist so zum Heulen", hat das Jörgle auf einmal zu ihr gesagt.

„Ach was!" hat die Elsbeth gerufen.

„In der Schule heult man doch nicht. Da würden einen doch alle auslachen." Das Jörgle hat nur stumm auf sein Schulheft geschaut.

Am nächsten Tag ist das Jörgle zu seiner Tante in die Backstube gegangen. „Mir ist so zum Heulen", hat es gesagt.

„Ach was!" hat die herzensgute Tante gerufen. „Wer wird denn an so einem schönen Tag heulen!" Und sie hat ihn auf den Schoß genommen, ihm die Nase geputzt und ihm ein frischgebackenes Laugenweckle geschenkt.

Am nächsten Tag ist das Jörgle zu seinem Onkel in die Schmiede gegangen. „Mir ist so zum Heulen", hat es gesagt.

„Was willst du?" hat da der Onkel lachend gerufen. „Ein Bub heult doch nicht." Und er hat dem Jörgle gezeigt, wie man kräftig mit dem Hammer auf das glühende Eisen schlägt.

Da ist das Jörgle wieder auf die Albwiese zu den Wacholderbüschen gelaufen. Aber kein Schäfer war da, nur das Schaf vom Müller, ein Mutterschaf mit einem Lamm. Und wie das Lamm so kläglich geblökt hat, da ist es dem Jörgle plötzlich ganz heiß in die Augen geschossen. Es hat seinen Kopf in das Fell vom Mutterschaf vergraben und das ganze Fell naßgeheult. Das Lamm ist ganz still geworden, und das Mutterschaf hat ab und zu seinen Kopf gedreht und mit seiner rauhen Zunge dem Jörgle die Tränen abgeleckt.

Und dann ist plötzlich die Elsbeth gekommen. „Wie siehst du denn aus?" hat sie gefragt, hat ihr Taschentuch herausgeholt, ein bißchen draufgespuckt und dem Jörgle sein tränenverschmiertes

Gesicht abgeputzt. Und weil sie nun schon einmal dabei war, hat sie auch gleich seine Ohren mitgeputzt. Das hat mächtig gekitzelt. Und da mußte das Jörgle mit einem Mal lachen. Hat gekichert und gegiggelt und sich mit der Elsbeth vor Lachen am Boden gewälzt.

Das Lamm hat wieder geblökt, und das naßgeweinte Mutterschaf hat zugeschaut mit seinen großen, schwarzen, freundlichen Schafsaugen.

Schweinchen und Lämmchen

Ihr erinnert euch gewiß, daß viele Tiere schon kurz nach ihrer Erschaffung mit ihrem Aussehen unzufrieden waren. Nicht so die Schweine. Weder das Wildschwein noch das Flußschwein, nicht das Riesenwaldschwein noch das Warzenschwein, ja nicht einmal das Hängebauchschwein beklagte seine Figur. Sie waren zufriedene Allesfresser, gesellig und bodenständig, genügsam und friedlich. Als daher die Schöpfung verkünden ließ, nun sei die letzte Gelegenheit zum Umtausch von Geweihen, Schwanzfedern, großen Ohren oder langen Beinen gekommen, meldete sich mal wieder kein Schwein.

Erst Hunderte von hundert Jahren später war ein gewisses Schwein unglücklich über sein Äußeres. Aber daran war die Liebe schuld, Liebe und Eifersucht. Wie das so ist. Na ja – es ging dann doch noch alles gut aus. Und wenn ihr wollt, erzähle ich jetzt die ganze Geschichte.

Wo anders als weit hinten in Tatschikistan – wenn ihr wißt,

was ich damit meine – weit hinten in Tatschikistan also, lebte einmal ein Ferkel. Es lebte auf einem Bauernhof mit einem Lamm und einem kleinen Hahn. Der Bauernhof war nicht gerade groß. Aber der kleine Acker brachte genug Kartoffeln, Gerste und Steckrüben ein, so daß alle satt wurden, der Bauer, die Bäuerin, die kleine Katinka und das liebe Vieh.

Katinka war ein schönes Kind. Sie sang und spielte den lieben langen Tag im Hof und im Garten. Am liebsten hatte sie das Lamm. Sie bürstete seine Locken, zupfte es an seinem Lämmerschwänzchen, schmiegte sich an sein weiches Fell und sah ihm tief in die großen, schwarzen Augen. Die beiden waren unzertrennlich, gingen zusammen auf die Wiese, wo das Lamm Klee fraß, während Katinka ihm einen Blumenkranz flocht.

Mit dem Ferkel aber ging Katinka nie auf die Wiese. Darüber war das kleine Tier sehr, sehr traurig. Oft stand es da, rieb sich den Bauch an dem Pfosten, auf dem der Hahn saß, und seufzte.

„Ich verstehe es nicht, Bruder Hahn. Ich verstehe es nicht.“

„Was verstehst du nicht?“ fragte der Hahn und räusperte sich.

„Nun, das mit Katinka verstehe ich nicht. Das mit Katinka und dem Lamm. Immer gehen die zwei zusammen.“

„Mach dir nichts draus“, sagte der Hahn und krähte.

„Du hast gut krähen“, grummelte das Ferkel. „Dich himmeln ja deine sieben Hühner an. Aber mich armes Schwein mag keiner.“

Der Hahn schwieg. Das Ferkel rieb seinen Bauch.

„Ich verstehe es einfach nicht“, grunzte es wieder. „Was hat dieses Lamm, was ich nicht habe?“

Der Hahn zögerte.

„Na, so ziemlich alles“, sagte er dann.

„So ziemlich alles? Was soll das heißen?“

27

„Willst du es wirklich wissen?" fragte der Hahn besorgt.

„Würde ich sonst fragen? Schließlich bin ich, wie mir scheint, ein ganz normales Ferkel. Oder?"

„Ja, das bist du", bestätigte der Hahn. „Aber du bist eben kein Schaf."

„Ich bin ja auch noch kein Schwein", sagte jammernd das Ferkel und klappte seine Ohren vor die Augen. „Aber habe ich vielleicht kein Herz?"

Der Hahn haßte Ungerechtigkeiten, und ihm tat das Ferkel leid. Aber was sollte er machen? Weit hinten in Tatschikistan?

„Ich will dir mal was sagen", krähte er vorsichtig. „Ich will dir nur mal den Unterschied zwischen euch beiden erklären, denn du kannst dich ja selbst nicht sehen."

„Den Unterschied zwischen wem beiden?" fragte das Ferkel mürrisch.

„Na, zwischen dir und dem Lamm. Nur, damit du Bescheid weißt. Wenn du willst."

„Meinetwegen", grunzte das Ferkel und sah betrübt in den Matsch.

„Ich sage nur, wie es ist", beteuerte der Hahn. „Über Geschmack kann man ja streiten. Da halte ich mich raus."

„Fang schon an", maulte das Ferkel.

„Das Lamm hat große, dunkle Augen. Du hast ganz kleine."

„Hm."

„Das Lamm hat ein weiches Fell und du ein hartes."

„Hm, hm."

„Das Lamm trägt Löckchen und du glatte Borsten."

Das Ferkel wurde immer betrübter.

„Das Lamm hat lange, schlanke Beine und du kurze dicke."

„Hm, hm."

„Es hat ein kleines, rundes Schnäuzchen und du eine große, platte Schnauze. Und vor allem hat es ein munteres Wackelschwänzchen und du nur diesen langen, geraden Strick mit Quaste."

„Locken müßte man haben", sagte das Ferkel und seufzte tief. „Nur lockige Tiere gefallen kleinen Mädchen."

Und es begann, vor lauter Kummer und Wut im Dreck zu wühlen. Es wühlte und wühlte und machte sich dabei schlammig, von vorne bis hinten und von oben bis unten.

„Wenn die mich häßlich findet, da soll sie mal sehen, was häßlich ist", quiekte es und wühlte und quiekte und wühlte.

„Was ist denn mit unserem Ferkel los?" fragte die Bäuerin. „Sieht so aus, als ob es verrückt geworden wäre."

„Niemand liebt es, niemand liebt es", krähte der Hahn.

Aber das war verlorene Liebesmüh, denn die Menschen verstanden ihn nicht. Sie wußten nur, daß der Hahn vor Sonnenaufgang, vor Sonnenuntergang und zu Mittag krähte. Und dann natürlich, wenn sich das Wetter änderte – oder so blieb.

„Gibt es denn Regen?" fragte der Bauer, als er den Hahn so krähen hörte. „Vielleicht ist unser Ferkel deshalb so verrückt. Komm, Ferkelchen, geh in deinen Stall und hör auf mit dem Unsinn." Aber das Ferkel hörte nicht auf zu wühlen und zu quieken. Alle sollten merken, wie unglücklich es war.

„Geh doch mal raus, Katinka", sagte schließlich die Bäuerin. „Vielleicht hört es ja auf dich."

Die kleine Katinka ging auf den Hof.

„Du, Ferkel", rief sie mit ihrer hellen Stimme. „Komm doch mal her."

Das Ferkel zog eine Schnute. Es war ganz und gar beleidigt.

Aber es hörte immerhin auf zu wühlen und zu quieken.

„Komm doch mal her, Ferkel", rief die Katinka wieder und winkte mit ihren kleinen Händen.

Da konnte das Ferkel nicht widerstehen und kam angerannt.

Katinka lachte über seinen Schweinsgalopp.

„Pfui", schimpfte sie dann. „Wie siehst du denn aus. Auch wenn du ein Ferkel bist, brauchst du dich nicht gleich wie ein Schwein zu benehmen. Warte, ich werd' dich abwaschen."

Und Katinka nahm einen Kübel voll Wasser und kippte ihn über das Ferkel, schnappte sich einen Strohwisch und schrubbte es ordentlich ab, überall. Da stand das kleine Tier ganz still. So schön war das. Es kicherte und zog dabei seine Mundwinkel hoch. Und was sah Katinka da auf einmal blitzen?

„Sag mal, Ferkel", rief sie. „Hast du etwa einen Goldzahn?"

Darüber mußte das Ferkel so lachen, daß ihm der blanke Rubel aus dem Schnäuzchen fiel, den es beim Wühlen im Dreck gefunden hatte.

„Mama, Mama", schrie Katinka, „schau mal, unser Ferkel ist ein Sparschwein. Jetzt kann ich endlich auch einmal etwas auf der Kirchweih kaufen."

Alle kamen angerannt, bewunderten den blanken Rubel und lobten das Ferkel.

„Das ist ja ein richtiges Glücksschwein!" sagte der Bauer, und die Bäuerin meinte, es sei nicht mehr als recht und billig, daß das Ferkel als glücklicher Finder auch mit zur Kirchweih dürfe. Ehre, wem Ehre gebührt. Aber da zögerte Katinka, denn was würden ihre Freundinnen sagen, wenn sie mit einem so häßlichen Tier auf einem so schönen Fest erschiene?

Die Bäuerin aber sagte: „Entweder mit dem Ferkel oder gar nicht."

Die halbe Nacht lag Katinka wach und überlegte, wie sie das

Ferkel verschönern könnte. Schließlich stand sie auf, ging auf den Hof, schrubbte das Ferkel noch einmal, bis es ganz rosa wurde, und wickelte seinen langweiligen Schwanz um einen Lockenwickler.

„Halt dich ruhig", sagte sie streng. „Und mach mir keine Schweinereien!"

Am Sonntag morgen, als sich die Bauersleute von Tatschikistan auf dem Kirchplatz versammelten, erschien Katinka im Sonntagskleid. Und diesmal hatte sie nicht nur ein gewöhnliches Lamm bei sich, sondern auch ein rosa Ferkel mit einem Kranz von Ringelblumen und einem Ringelschwanz! Das Ferkel trabte stolz erhobenen Rüssels zwischen Katinka und dem Lamm und grüßte freundlich rechts und links mit seinem Ringelschwänzchen. Dies war der glücklichste Tag seines Schweinelebens.

Alle Kinder rannten sofort nach Hause und schrubbten ihre schwarzen Ferkel, bis sie auch so schön rosa wurden. Sie machten ihnen Lockenwickler in die Schwänze, ob sie einen Rubel gefunden hatten oder nicht. Nach einigen Jahren übrigens brauchten sie das gar nicht mehr zu tun. Da kamen dann die Ferkel schon mit Ringelschwänzchen auf die Welt. Zuerst nur in Tatschikistan. Aber dann auf der ganzen Erde.

An jenem Tag auf der Kirchweih erzählte die Bäuerin jedem, der es hören wollte, die Geschichte vom Sparschwein. Ja, der Bauer erzählte sie noch siebenmal beim Wodka in der Schenke, und die Leute sagten: „Katinka! Habt ihr heute die kleine Katinka gesehen? Hat *die* ein Schwein gehabt!"

Kinder mit Besonderheiten

Die Brillenschlange

„Zu mir sagen sie immer Brillenschlange", hat mir mal ein kleines Mädchen erzählt und mich dabei durch ihre dicken Gläser angeschaut. „Dabei hab ich noch nie und nirgendwo eine Schlange gesehen, die eine Brille auf der Nase hatte. Du vielleicht?"

„Nein, ich auch nicht", sagte ich etwas verlegen.

Das kleine Mädchen tat mir leid. Jedermann weiß doch, wie das ist, wenn man für etwas verspottet wird, das man nicht ändern kann.

„Gibt's überhaupt Brillenschlangen?" fragte sie jetzt.

„Das schon", erwiderte ich. „Aber sie haben ihre Brillen eben nur auf den Hut oder Kopfschild gemalt. Man nennt sie auch Kobras."

„Sehe ich denn aus wie eine Kobra?" wollte das kleine Mädchen wissen.

„Das nicht gerade", sagte ich und mußte lachen. „Höchstens wenn es sich um Seelenwanderung handeln würde und du früher einmal eine Brillenschlange warst."

„Wäre das möglich?" fragte die Kleine ernsthaft. „Und wo hätte ich dann da gewohnt?"

„Wenn du eine Naja Naja gewesen wärst, dann hättest du auf den Sundainseln gewohnt und wärst einen Meter achtzig lang gewesen. Die Naja Haje hingegen ist zwei Meter lang und wohnt im trockenen Afrika. Und die Naja Nigricolis wohnt südlich der Sahara und heißt auch Spei- oder Schwarzhals-Kobra".

„I, die möchte ich aber nicht gewesen sein", sagte das kleine Mädchen. „Lieber die Naja Naja."

„Gut. Also die Sundainseln. Die Naja Naja wohnte schon immer auf diesen Inseln. Jetzt hast du die Wahl zwischen den großen und den kleinen Sundainseln. Die großen heißen Borneo, Celebes, Java und Sumatra. Die kleinen heißen Bali, Lombok, Sumbava, Sumba, Flores und Timor. Das klingt doch alles märchenhaft, nicht wahr? Wo willst du also gewohnt haben?"

„Äm, äm, äm, Sumba", rief das kleine Mädchen und klatschte in die Hände.

„Das ist eine gute Wahl", sagte ich, „denn die Sumbainsel wird auch Sandelholzinsel genannt. Man muß Sandelholz nur ein bißchen reiben, und schon riecht es unwahrscheinlich gut. Man kann Sandelholzseife, Sandelholzöl, Sandelholzparfüm daraus machen. Nur leider haben die Menschen jetzt schon fast alles Sandelholz verbraucht. Es ist ein Jammer. Manchmal wünschte ich mir wirklich, die Menschen wären nicht so geschäftstüchtig. Dann wäre es um unsere Erdvorräte besser bestellt."

„Wo bleibt mein Schlangenleben?" rief das kleine Mädchen ungeduldig, und ich erzählte ihr folgende Geschichte:

„Als die Naja Naja gerade erschaffen worden war und die Augen öffnete, befand sie sich in einer Wurzelhöhle auf Sumba. Die Sonne blinzelte durch die Höhlenöffnung, und Naja Naja wollte hinausgehen. Aber sie hatte keine Füße. Flügel zum Fliegen hatte sie auch nicht, und so robbte sie auf der Erde entlang wie ein Kleinkind. Draußen war es hell und weit. Um besser sehen zu können, robbte Naja Naja auf den Baum hinauf. Das konnte sie auch.

Nahe des Baumes befand sich eine Wasserstelle. Viele Menschen und Tiere kamen und gingen, um dort zu trinken und sich zu waschen. Naja Naja sah ihnen zu. Nach einer Weile setzte sich ein Mann unter den Baum und fing an, Flöte zu spielen. Wenige wissen es, aber wie alle Kobras war auch Naja Naja stocktaub. Nur die rhythmischen Bewegungen der Finger faszinierten sie so, daß sie vom Baum kroch, sich vor dem Mann zusammenkringelte, ihren Kopf mit dem prächtigen Hut und den Brillen darauf hob, und zu tanzen begann.

„Seht, seht, ein Schlangenbeschwörer", rief jemand. Und bald waren der Mann und Naja Naja von Menschen umringt. Da schämte sich die neu erschaffene Schlange und kroch wieder auf den Baum, um sich im Laub zu verstecken. Vor Schreck zischte, hustete und niest sie. Dabei spritzte ein Giftstrahl aus ihrem Zahn, acht Meter weit.

„Was für ein mächtiges Tier", rief einer bewundernd. Und ein anderer sagte: „O göttliches Wesen. Wohne in unserem heiligen Baum und sei unsere Beschützerin."

„Warum hat sie denn so viele Brillen am Hut und keine auf der Nase?" fragte ein Kind. „Das sind Zeichen ihrer Weisheit und Gelehrsamkeit", bekam es zur Antwort.

Naja Naja staunte. Sie wußte weder, daß sie mächtig und göttlich, noch daß sie weise war. Sie kam sich neu und unwissend vor. Jetzt kam eine schöne Frau ganz nah an den Baum heran und rief: „Gute Naja, schöne Naja. Wir bitten dich, bleibe bei uns. Jeden Tag werden wir dir Milch und Reis bringen und ab und zu auch Fleisch. Dafür sollst du für uns nachdenken, meditieren und Geschichten erzählen. Darum bitten wir dich von Herzen. Denn unser Leben ist hart und voller Arbeit. Niemand von uns hat die Zeit und die Gabe, nachzudenken, zu meditieren und Geschichten zu erzählen, wie es sich gehört. Tu du es für uns."

Und die Frau verneigte sich ehrfürchtig. Naja Naja ließ voller Verwunderung und Neugier den Kopf vom Ast hängen. „Sie hat ja gesagt, sie hat ja gesagt!" rief ein Kind, und alle verließen zufrieden den Baum und die Wasserstelle, um ihrem Tagwerk nachzugehen.

Still lag die Naja auf ihrem Ast und fing an, über all das nachzudenken. Am Abend standen zwei Schüsselchen unterm Baum. Eines mit Reis und eines mit Milch. Naja Naja kroch hinab, aß und trank. Dann machte sie sich auf den Weg, ganz leise, so wie nur jemand gehen kann, der keine Füße hat. Sie schaute in die Fenster der Hütten und erfuhr so viel vom Leben der Menschen.

Da war zum Beispiel das kleine Mädchen, das immer auf dem Schoß seiner Mutter gesessen hatte. Jetzt saß da ein anderes, noch kleineres Kind. Das Mädchen weinte zornig, aber alle sagten, es solle sich doch über sein Brüderchen freuen. Ach, dachte Naja Naja, wenn doch der Vater das Mädchen nun auf den Schoß nehmen würde. Dann könnten sie sich zusammen freuen.

Naja Naja kehrte zurück zu ihrem Baum. Es war schon spät in der Nacht. Naja Naja wiegte sich hin und her und dachte gute Gedanken zum Wohlergehen der Menschen.

Am Morgen stand wieder eine Schale Reis unterm Baum. Ein Vater mit seinem Kind hatte sie gebracht. Er legte eine Blumenkette dazu und zündete Räucherkerzen an, um mit seinem Kind unter dem heiligen Baum zu beten.

„Wo ist denn unsere Naja?" fragte das Kind. Und der Vater zeigte hinauf in die Zweige. Naja Naja hob den Kopf.

„Ist sie nicht schön?" sagte der Vater. „Gleich wird sie uns eine Geschichte erzählen."

35

„Ich höre nichts", sagte das Kind. „Schlangen können doch nicht sprechen wie wir. Wie kann sie uns dann eine Geschichte erzählen?"

Der Vater nahm sein Kind auf den Schoß, drückte es an sein Herz und legte ihm eine Hand liebevoll auf den Kopf.

„Du mußt nach innen horchen, nicht nach außen", sagte er.

Die beiden saßen nun ganz still, und Naja Naja erzählte ihnen die Geschichte von dem kleinen, traurigen Mädchen, dem kleinen Bruder und den Eltern. Es war genau die passende Geschichte. Als sie zu Ende war, bedankten sich Vater und Kind, indem sie sich verneigten. Zufrieden und voller Einsicht gingen sie nach Hause.

Und so blieb es. Nachts schlängelte sich Naja Naja zu den Wohnungen der Menschen und schaute zu, wie sie ihr Leben lebten. Dann saß sie auf dem heiligen Baum, meditierte und dachte darüber nach, was den Menschen hilfreich sein könnte.

Jeden Morgen stand ein Schüsselchen mit Reis, Fleisch oder Milch da. Und während des Tages kam dieser oder jener, setzte sich still unter den Baum, legte eine Hand auf den Kopf oder an die Stirn und lauschte nach innen. Dann erzählte Naja Naja ihm eine Geschichte. Es war immer die passende, denn unterdessen kannte die Schlange unzählige von ihren Wanderungen durch die Nacht. So waren die Leute von Sumba glücklich mit ihrer Brillenschlange und die Schlange war glücklich mit ihnen.

Als ich mit der Geschichte fertig war, sagte das kleine Mädchen, es wolle ein Meter achtzig groß werden, acht Meter weit spucken können und in einem Baumhaus wohnen. Außerdem fing es sofort an, Geschichten zu sammeln.

Der Vielfraß

Nicht hier bei uns, sondern weit weg in der Schweiz, lebte einmal ein junger Hirte. Der saß an einem Sommerabend vor seiner Hütte und aß Hirsebrei. Er war traurig, denn sein Vater hatte ihn einen Nichtsnutz geheißen.

Er goß sich Milch auf den Brei und dachte bei sich, daß er sich doch alle Mühe gab, ein ordentlicher Hirte zu sein. – Nun, *alle* Mühe vielleicht nicht, aber doch einige. Und schließlich will ein junger Mensch ja auch mal seinen Spaß haben!

Jetzt saß er also allein vor der Hütte und löffelte seinen Hirsebrei. Im nahen Baum flatterte eine große Eule und schrie in einem fort: „Schuhu, schuhu".

„Halt deinen Schnabel, Schuhu, Schuhu, du dummes Vieh", rief der Hirte ärgerlich. Aber die Eule wollte nicht schweigen und schrie weiter ihr „Schuhu, schuhu."

Als es dem Hirten auch nicht gelang, den Vogel mit wütenden Steinwürfen zu verscheuchen, versuchte er, ihn hinterlistig zu sich heran zu locken.

„Eule du, Eule i,
Willst was essen, kumm zu mi", rief er.

Zuerst schien die Eule das nicht zu verstehen, und der Hirte rief nun:

„Schuhu du, schuhu i,
Willst was essen, kumm zu mi."

Kaum hatte er diese Einladung ausgesprochen, erschien vor ihm ein Mann mit einem Eulenkopf und rief mit Donnerstimme:

„Du hast mich gerufen. Da bin ich. Was gibt's zum Essen?"

Einen solchen Besuch hatte der Hirte nicht erwartet.

„Wenn du wirklich mit mir essen willst, dann hol ich dir eine Schüssel mit Milch. Hirsebrei ist im Kessel. Nimm dir, so viel du willst."

Sofort begann der Eulenmensch in wilder Gier zu fressen, und im Nu war der Kessel leer. Die Milch stürzte er in einem Schluck hinunter. Dann sagte er, wie zuvor: „Du hast mich gerufen. Da bin ich. Was gibt's zum Essen?"

Da wurde dem Hirten etwas bange.

„Es gibt noch einen Topf mit Kochkäse", wollte er sagen. Aber da war der Kochkäse schon verschwunden, und der Eulenmensch ließ wieder sein Sprüchlein hören.

„Ich hätt' noch zwei Käslaible", stotterte der Hirte. Aber konnte gar nicht so schnell gucken, wie der Eulenmensch sie auffraß.

Verängstigt sperrte nun der Hirte den Schrank auf, und in wenigen Augenblicken verschlang der Gefräßige Brot, Haferflocken, Zucker, Fett, Salz, Kaffee und Zitronen und alles, was überhaupt im Küchenschrank war. Dem Hirten wurde übel. Aber der Eulenmensch grölte: „Was gibt's zum Essen?"

Da führte der Hirte ihn in die Milchkammer, und der Unmensch fraß in unglaublicher Geschwindigkeit das Butterfaß leer, die Sahne und Milch aus den Kannen, den Quark vom Regal. Beim bloßen Anblick des triefenden Fressers mußte der arme Hirte sich schon erbrechen. Der Unmensch aber wiederholte unbarmherzig:

„Du hast mich gerufen. Da bin ich. Was gibt's zum Essen?"

„Dann geh in den Stall und friß die Tiere", rief der Hirte verzweifelt. Darauf verschlang der Unersättliche das Schwein, die Ziege, die Hühner und die Kühe, ließ sich nicht halten und rief: „Was gibt's zum Essen?"

Da sank der Hirte in die Knie und stöhnte:
„Ich hab' nichts mehr!"
„Dann freß ich dich!" brüllte der Mann mit dem Eulenkopf und stürzte sich auf ihn. Vor Schreck fiel der Hirte zu Boden und verlor die Besinnung.

Als er nach langer Zeit wieder erwachte – fand er alles wie zuvor an seinem Platz: die zwei Käslaible, wo sie gewesen waren; Brot, Haferflocken, Zucker, Fett, Salz, Kaffee und Zitrone im Schrank; Butter, Sahne und Quark in der Kammer; die Tiere im Stall.

Nur der Hirsekessel, die Milchkanne und der Kochkästopf waren leer. Der Bauch des Hirten aber war dick wie ein Kürbis, und es rumorte gewaltig darin.

„Es ist halt nichts, wenn man seinen Kummer in sich hineinfrißt", seufzte der Hirte. „Auf einmal wird man noch zum Eulenmenschen!"

Blatt für Blatt

Es war einmal ein Junge, den schob seine Mutter jeden Morgen auf den Balkon. Dort saß er dann in seinem Rollstuhl und schaute auf die Bahnstation des kleinen Ortes.
Wenn die Mutter ihre Arbeit getan hatte, holte sie den Jungen wieder herein. Aber dann war er jedes Mal so wütend, daß er mit der Faust auf den Rollstuhl schlug und sich die Haare büschelweise ausriß.
Schließlich ging die Mutter mit ihm zum Arzt.

„Herr Doktor", sagte sie. „Sie müssen meinem Bub ein Beruhigungsmittel verschreiben. Ich weiß mir keinen Rat mehr." Müde setzte sie sich auf den Stuhl vor seinem Schreibtisch.

Der Arzt ließ sich erklären, um was es ging.

„Weiß der Himmel warum, aber er ist oft so wütend, daß er sich die Haare büschelweise ausreißt. Und wenn's nicht die Haare sind, dann sind es die Blätter von meinen Topfpflanzen. Sein Kopf und mein Gummibaum sehen sich jetzt sehr ähnlich. Wie soll das denn weitergehen?"

„Das ist ja wirklich schlimm", sagte der Doktor und sah sich die ausgerissenen Haarbüschel und Blätter an. „An was mag das nur liegen?" Und er schlug einen Test vor.

„Sprich mir einfach alles nach", sagte er zu dem Jungen:

„Die Blätter sind grün."

„Die Blätter sind grün", sagte der Junge.

„Die Blätter sind grün."

„Die Blätter sind grün", wiederholte der Junge.

„Die Blätter sind grün."

„Die Blätter sind grün."

„Welche Farbe haben die Blätter?"

„Die Blätter sind grün", sagte der Junge.

„Aber nein", rief der Doktor. „Du solltest mir doch nur alles nachsagen." Da war der Junge verdutzt.

„Erzähl mir mal, warum du immer so wütend wirst", sagte jetzt der Doktor.

„Weil es so langweilig ist."

„Was?"

„Immer das gleiche", sagte der Junge. „Das tut richtig weh."

„Was ist immer das gleiche?" fragte der Doktor.

„Na der Bahnhof. Morgens kommt ein Zug. Da steigen die

Leute ein. Dann ist lange nix. Mittags kommt ein Zug. Da steigen die Leute aus. Immer das gleiche." Der Junge stöhnte.

„Hm", machte de Doktor und strich seinen Bart. „Das lange Nix interessiert mich. Komm morgen wieder und beschreibe es mir ganz genau."

„Ja, aber...", sagte die Mutter, und der Doktor nahm einen Rezeptblock und schrieb darauf: 3 mal täglich ein halbes Glas Orangensaft.

Am nächsten Tag brachte die Mutter den Jungen wieder zum Arzt, und der Junge erzählte:

„Wenn der Zug weg ist, kommen Tauben und picken die Krümel vom Bahnsteig. Da steht auch ein kleiner Baum. Der Hund vom Bahnwärter kommt und pinkelt an den Baum. Sein Herrchen ruft ihn; und sie gehen zur Bahnschranke."

„Für nix ist das ja ziemlich viel", sagte der Doktor und strich sich den Bart. „Und ist das immer das gleiche?"

Der Junge wußte es nicht.

„Man müßte das testen", schlug er vor. Der Doktor war einverstanden.

„Teste es eine Woche lang und komm dann wieder", sagte er. Und auf einen Rezeptblock schrieb er: 2 mal täglich einen halben Apfel. Die Mutter lächelte.

Von jetzt an konnte die Mutter dem Jungen morgens die Socken gar nicht schnell genug anziehen, denn er hatte ja eine wichtige Aufgabe vor sich. Er beobachtete die Tauben, wie sie sich um ein Stück Brot stritten. Dann kam eine Krähe und schnappte den Tauben den Happen weg. Unerhört! Der kleine Hund lief am Baum vorbei. Erst am Ende des Bahnsteigs fiel es ihm ein. Er lief noch einmal zurück und hob sein Bein. „Komisch", dachte der Junge. „Kann er ohne Baum nicht pinkeln?"

Er besprach das alles mit dem Doktor, und der erzählte ihm etwas von Duftmarken, die Hunde an ihren Baum setzen.

Am nächsten Tag war es sehr windig. Aber der Junge wollte unbedingt auf seinen Balkon hinaus. Etwas wirbelte über seinem Kopf und fiel auf seinen Schoß. Es war ein Blatt. Kein grünes, sondern ein gelbes. Der Junge schaute hinunter zu dem kleinen Baum, von dem der Hund glaubte, daß er ihm gehöre. Der Baum war gar nicht mehr grün, sondern gelb, rot und braun.

„So sehr hat er sich verändert, und ich habe es nicht bemerkt?" Das verwunderte den Jungen.

Jetzt begann er, sich die Menschen näher anzusehen, die morgens in den Zug stiegen und mittags heimkehrten. Gewöhnlich stiegen fünf Kinder mit Schultaschen in den Zug. Sie fuhren wohl ins Gymnasium in der Stadt. Einmal waren es nur vier. Früher hätte der Junge das gar nicht bemerkt. Jetzt machte er sich Gedanken. Wo war das fünfte Kind geblieben? War es vielleicht krank? Er sah das Kind, das gar nicht da war, mit Windpocken im Bett liegen. Gerade wurde es mit weißer Salbe eingerieben. Die roch nach Lebertran. Der Junge konnte es genau riechen. Und obwohl seine eigenen Windpocken schon lange vorbei waren, juckte es ihn am ganzen Körper. Ja, bald würde das Kind wieder gesund sein. Und tatsächlich: Eines Tages war es wieder da und stieg mit den anderen lachend und schwatzend in den Zug.

Die Winde wurden stärker und rissen dem kleinen Baum alle Blätter ab. „Auch das habe ich nie bemerkt", dachte der Junge. Beim Anblick des kahlen Baumes wurde ihm ein wenig bange. Würde er, von dem der kleine Hund glaubte, daß er ihm gehöre, je wieder grüne Blätter haben? Die Blätter wirbelten durch die Luft wie ein prächtiger Vogelschwarm und verschwanden.

Der Junge saß nun im Zimmer und hielt sein gelbes Blatt in der

Hand. Und obwohl das alles nicht mehr da war, konnte er sich doch ein Bild machen, von den grünen Blättern des Frühlings und den roten des Herbstes. Ja, er konnte sie sogar riechen. Er sah die Krähe, die sich doch nur einmal hatte blicken lassen, sah den kleinen Hund des Bahnwärters und das gesund gewordene Kind. So genau hatte er sich alles gemerkt, daß er die Anzahl der Tauben und die Farbe ihres Gefieders genau vor sich sah.

Von Zeit zu Zeit erzählte er das alles dem Doktor. Er zeigte ihm das gelbe Blatt, das ihn gelehrt hatte, auf Veränderungen zu achten. Und der Doktor sagte:

„Du solltest alles aufschreiben, Blatt für Blatt."

„Ich kann nicht schreiben", sagte der Junge. Aber auch das war kein Hindernis mehr. Seine Mutter zeigte ihm, wie er mit der linken Hand auf der Schreibmaschine tippen konnte. So wurde aus ihm in diesem Winter ein Schriftsteller.

„Andere haben ein gelebtes Leben. Ich habe ein erzähltes Leben", sagt er und schrieb es auf, Blatt für Blatt, grün, gelb und rot.

Sich streiten und versöhnen

Freundschaft ist wie Glas

Am Ende des Dreißigjährigen Krieges lagen viele Städte und
Dörfer in Schutt und Asche. Die Menschen waren entweder um-
gekommen oder geflohen.

Nur die alten Bäume standen noch an ihrem Ort und einige Rui-
nen. Langsam deckte das Gras mit seinem gnädigen Grün die
Brandwunden der Erde zu.

Nach langer Zeit kamen die Enkel der einstigen Bewohner in
die Ortschaften zurück und versuchten einen neuen Anfang. Da
gab es ein Dorf, in dem war die eine Hälfte der Einwohner evan-
gelisch, die andere katholisch gewesen. Ganz streng getrennt und
dann auch noch zum Kampf gegeneinander aufgehetzt.

In der Ruine des einstigen Gutshofs saßen nun zwei junge
Männer. Sie hatten es sich auf dem grünen Rasen bequem gemacht, der den Boden des ehemaligen Wohnzimmers bedeckte.

„Hier hat also mein Großvater gelebt", sagte der eine.

„Und dort, die alte Türklinke, die hat er noch in der Hand gehabt. Sonst ist ja nicht mehr viel übriggeblieben." Und er goß seinem Freund ein Glas Wein ein.

„Wo mein Großvater gewohnt hat, weiß niemand mehr. Es
muß in einer Holzhütte unten am Fluß gewesen sein", sagte der
andere und gab seinem Freund ein Stück Hefebrot.

„Wir haben beide unsere Großväter nicht gekannt", fuhr er

fort. „Deiner muß ein harter und strenger Gutsherr gewesen sein, meiner nur ein armer Taglöhner."

Der eine lachte. „Wahrscheinlich konnte deiner nicht einmal lesen", sagte er. Das kränkte aber den anderen.

„Lesen ist auch nicht alles", sagte er böse. „Dein Großvater war ja ein Blutsauger. Er hat meinen wohl noch mit der Reitpeitsche aufs Feld geprügelt!"

Da wurde der eine auch wütend.

„Und was hat dein Großvater gemacht? Er hat meinem das Haus über dem Kopf angezündet und ihn in Armut und Elend gestürzt!" rief er, und der andere schrie zurück:

„Ja, genau in das Elend und die Armut, in der mein Großvater schon immer gesteckt hatte."

So ergab ein Wort das andere, und bald wälzten sich die beiden kämpfend am Boden.

Da fiel plötzlich ihr Blick auf die Weinflasche, die umgefallen war. Das rote Naß sickerte in den Boden wie Blut. Da wurden die beiden Männer ganz still.

„Was Worte anrichten können", sagte der eine nach einer Weile. „Laß uns neue finden", sagte der andere.

Sie gingen zusammen in die Dorfkirche, die auch kein Dach mehr hatte, knieten nieder und beteten. Der eine ein evangelisches Gebet, der andere ein katholisches. Die Vögel flogen ein und aus, und die Sommerwolken zogen über ihren Köpfen dahin.

„Was für ein schöner Tag ist heute", sagte der eine und schaute hinauf.

„Ja heute!" Und so soll es auch bleiben", erwiderte der andere und sah träumerisch den Wolken nach. „Was hältst du davon, wenn wir ein Glasdach auf die Kirche machen, damit der Himmel immer so wie heute hereinschauen kann?"

„Ist ein Glasdach nicht sehr zerbrechlich?" fragte der eine.

„Ebenso zerbrechlich wie Freundschaft", sagte der andere.

So bauten sie also als erstes ein Glasdach auf die alte, kleine Kirche, mitten im Dorf.

„So etwas ist ja noch nie dagewesen!" Die älteren Gemeindemitglieder waren entrüstet.

„Eben!" sagten die beiden Freunde wie aus einem Munde.

Seit dieser Zeit und bis auf den heutigen Tag benutzen die Evangelischen und die Katholischen und auch alle anderen, die beten wollen, diese Dorfkirche gemeinsam.

So einfach ist das.

Der Korb ist gemacht

Dies ist eine alte Geschichte, die ihr sicher alle auf die eine oder andere Art schon miterlebt habt. Das werdet ihr bald merken:

Der Hinz hat eigentlich Friseur werden wollen. Aber weil sein Vater, Großvater und Urgroßvater schon Korbmacher gewesen waren, hat er halt statt der Brennschere Schlageisen, Pfriem und Weidenmesser genommen und ist auch Korbmacher geworden.

Die Weidenrutenbändigerei hat ihm aber nicht so gut gefallen wie das Lockenwickeln der feinen Damen. Und besonders die Grauware aus ungeschälten Weidenzweigen hat ihn gelangweilt. Darum hat er die Farbe der Körbe immer ein bißchen aufmuntern wollen, indem er einen hellen Ring aus geschälten Zweigen unterhalb des Korbrandes eingezogen hat. Das hat zwar mehr Arbeit gemacht, aber die Leute haben seine Körbe und Krätten gern gekauft, mit einem oder mit zwei Henkeln, je nachdem, ob sie Remstäler, Filstäler, Hepsisauer oder Älbler waren.

Einmal hat der Hinz einen Hochzeitskorb gemacht. Dazu hat er viel Zeit und Geduld gebraucht, denn der Korb war groß und kunstvoll. Als er endlich fertig war, stellte er ihn voller Stolz vor sich auf den Tisch und sagte:

„Siehst du, Frau. Und jetzt sagst: Ich muß dich loben, der Korb ist gemacht."

Die Frau war aber gerade mit was ganz anderem beschäftigt und dachte gar nicht daran, so etwas zu sagen. Der Mann tat beleidigt und verlangte es immer wieder. Da wurde sie bockig und wollte es nun erst recht nicht.

„Was soll das, du Satansweib", schrie der Korbmacher schließlich. „Sag sofort: Ich muß dich loben, der Korb ist gemacht."

„Ich bin doch nicht blöd", schrie die Frau zurück. „Nein, nein und abermals nein."

Doch – nein – doch – nein. Du machst es – ich mach's nicht.

Da kam der Bürgermeister, um den Hochzeitskorb für seine Tochter abzuholen.

„Ja, was ist denn hier los?" rief er.

Und die Frau erzählte ihm, was vorgefallen war:

„Dieser dumme Mann will, daß ich sag: Ich muß dich loben, der Korb ist gemacht", sagte sie heulend. „Aber ich will's nicht sagen, und ich sag's auch nicht. Heute nicht und nie!"

„Na, wenn's das bloß ist", sagte der Bürgermeister, lobte den schönen Korb, zahlte reichlich, bedankte sich und ging.

Zu Hause erzählte er der Frau Bürgermeisterin die Geschichte vom Streit des Korbmacherehepaars. Die lachte herzlich und sagte:

„Aber ich würde es auch nicht sagen. Um nichts auf der Welt."

„Das will ich jetzt lieber nicht gehört haben", sagte der Bürgermeister mit Nachdruck.

„Du hast es aber gehört", rief seine Frau streitlustig.

Der Bürgermeister erbleichte. „So, du würdest also diese einfachen und wohlmeinenden Worte zu deinem schwerarbeitenden Mann nicht gesagt haben: Ich muß dich loben, der Korb ist gemacht?" fragte er, schon mit erhobener Stimme.

„Ich bin ja nicht blöd", rief die Frau. „Nur weil du das so willst, würde ich das doch nicht sagen."

„Würdest du doch!" schrie der Bürgermeister nun.

Nein – doch – nein, nein – und doch machst es – mach ich nicht.

In diesem Augenblick kamen die jungen Brautleute dazu.

„Ja, was ist denn hier los?" fragte die Tochter, und die Mutter erzählte ihr die ganze alberne Geschichte, während der Vater wütend zum Fenster hinausschaute. Da mußten die Brautleute herzlich lachen. Und dann sagte die Braut plötzlich:

„Aber ich würde es auch nicht sagen." Und ihre Augen begannen zu glitzern. Es dauerte einen Augenblick, bis der Bräutigam begriff, was sie gesagt hatte.

„Was?" schrie er. „Du wolltest es auch nicht sagen?"

„Niemals, bei meiner Seele Heil", flötete die Braut.

Da ergrimmte der Bräutigam so, daß er den Hochzeitsring in die Ecke schleuderte und schrie: „Eine Frau, die das nicht sagen will: Ich muß dich loben, der Korb ist gemacht, heirate ich nicht."

„Wie du meinst", versetzte die Braut und ging mit ihrer Mutter zur Frau des Korbmachers, die einen Pflaumenkuchen gebacken hatte.

Die drei Mannsbilder saßen im Wirtshaus, und je länger sie saßen, um so lächerlicher kam ihnen ihr Schwabenstolz vor.

So wurde die Hochzeit doch noch gefeiert. Und der Korbmacher wurde Friseur. Aber: „Ich muß dich loben, die Locken sind gemacht", nein, das haben die drei Frauen ihrer Lebtag nicht gesagt.

Hühnchen und Hähnchen

Wenn wir als Kinder heulend zu unserer Großmutter gerannt kamen, um uns über die Gemeinheit von diesem oder jenem zu beklagen, dann forschte sie nie, wer Schuld sei. Sie erzählte einfach folgende Geschichte:

Hühnchen und Hähnchen gingen einmal zusammen in den Haselhain, um Nüsse zu sammeln. Hähnchen stieg auf den Haselstrauch bis ganz zur Spitze, wo die dicksten Nüsse zu finden waren. Hühnchen blieb unten und breitete sein Kopftuch aus, um die Nüsse einzusammeln. Hähnchen pflückte die erste Nuß und warf sie hinunter, pflückte die zweite Nuß und warf sie hinunter. Und unter fröhlichem Gegacker sammelte Hühnchen die Nüsse ein. Als Hähnchen aber die dritte Nuß hinunter warf, traf es Hühnchen ins Auge.

Hähnchen erschrak sehr.

„Um alles in der Welt!" rief es. „So etwas ist mir noch nie passiert. Bitte verzeih."

Aber Hühnchen hörte gar nicht hin. Schreiend lief es nach Hause. Unterwegs traf es den Bauern.

„Erbarmung!" rief der Bauer. „Hühnchen, was machst du denn für ein Geschrei? Ist der Fuchs hinter dir her?"

Da erzählte das Hühnchen so und so, und wie er ihr die Nuß ins Auge geworfen habe.

„Wer hat dir die Nuß ins Auge geworfen?"

„Na, Hähnchen hat geworfen. Hähnchen!"

„Was sind denn das für Sitten?" sagte der Bauer. „Wo ist Hähnchen? Er soll sofort zu mir kommen."

Hähnchen kam zum Bauern in die gute Stube.

„Wie benimmst du dich?" sagte der Bauer. „Weshalb hast du Hühnchen eine Nuß ins Auge geworfen?"

„Ich habe ja gar nicht geworfen", krähte der Hahn. „Ich stieg ganz anständig in den Haselstrauch, um Nüsse zu pflücken. Aber der Strauch hielt nicht still. Er schwankte plötzlich ganz fürchterlich und warf Hühnchen die Nuß ins Auge."

„Wenn das so ist, na schön. Soll der Strauch zu mir kommen", sagte der Bauer. Der Strauch kam, der Bauer fragte:

„Warum hast du so geschwankt und Hühnchen eine Nuß ins Auge geworfen?"

„Ich hätte mich ja nicht gerührt", verteidigte sich der Haselstrauch. „Aber des Nachbars Ziege nagte an meiner Rinde. Sie hat so gewackelt."

„Die Ziege? Na gut. Soll die Ziege kommen."

Die Ziege kam, und der Bauer fragte:

„Sag mir mal, warum kannst du eigentlich nicht ordentlich auf der Wiese bleiben? Warum nagst du an der Rinde des Haselstrauches?"

„So etwas würde ich mir ja nie erlauben", sagte die Ziege. „Aber mein Hirte hütete mich nicht richtig. Was soll ich machen?"

„So, der Hirte also. Dann soll dieser Hirte sofort zu mir kommen", sagte der Bauer. Der Hirte kam, und der Bauer fragte:

„Hör mal, wie kommt es, daß du deine Ziege nicht gut gehütet hast? Schau mal, wie der Haselstrauch jetzt aussieht. Ganz zu schweigen von dem, was sonst noch alles passiert ist."

„Ich hätte sie bestimmt gut gehütet", sagte der Hirte. „Aber ich hatte Hunger und Wut auf meine Frau, die mir kein Vesper mitgegeben hat. Wie hätte ich da hüten sollen?"

„Ja, wenn das so ist", sagte der Bauer. „Dann soll deine Frau zu mir kommen."

Die Frau des Hirten kam, und der Bauer fragte:

„Jetzt sag einmal, warum gabst du deinem Mann kein Vesper mit? Schickt sich das für eine gute Frau? Und weißt du überhaupt, wieviel Unheil du damit angerichtet hast?"

Die Frau erschrak: „Ich habe ihm immer ein gutes Vesper mitgegeben. Bei meiner Seligkeit, ja. Aber heute morgen ist alles schief gegangen, lieber Herr. Und dann fraß mir auch noch das Schwein die Hefe auf. Darum konnte ich kein Brot backen und meinem Mann auch kein Vesper mitgeben."

„So, so, jetzt ist also das arme Schwein wieder mal an allem schuld", bemerkte der Bauer und schloß seine Ermittlungen.

51

Was ist mit denen, die kein Zuhause haben?

Ein Kind, ins Leben geworfen

Hoch im Nord-Osten Europas liegt an der Ostsee ein kleines Land, Lettland mit Namen. Dort lebt und webt und fließt die Gauja. Mitten zwischen Wiesen entspringt sie und weiß nicht so recht, wohin sie fließen soll. Sie schlängelt sich durch Felder, durchquert dunkle Eichen- und Kiefernwälder und gräbt sich zuweilen durch gelben Sandstein.

Aber wo ist das Meer? Eine Weile fließt die Gauja nach Osten, ist dick und breit und voller Lebenskraft. Aber dann, urplötzlich, verläßt sie der Lebensmut. Sie wird dünn wie ein Faden, versickert im Sand.

Wenn ihre Schwestern nicht wären, würde sie nie das Meer erreichen. Tirsa und Múdascha bringen ihr Wasser und rufen ihr zu: „Nach Westen, Gauja, mußt du fließen. Da liegt das Meer."

Da faßt die schöne Gauja wieder Mut. Sie zieht einen großen Bogen durch Lettland, fast einen Kreis, und ihre Schwestern helfen ihr dabei: Léschupe, Pílupe. Vídaja und Vétzpalsa, alle stärken mit ihrem Wasser die Schwester, die in unendlich vielen Windungen geduldig alle Hindernisse umfließt, bis sie die alte Burg Sigulda erreicht.

Jetzt hat sie sich ein breites Bett gegraben und endlich, endlich kommt sie ans baltische Meer. Durch die Hilfe der Schwestern ist der Sinn ihres Fließens erfüllt.

Die Gauja ist so alt wie ihr Land. Viele Menschen sah sie kommen und gehen. Frieden sah sie und Krieg, Elend und Reichtum, Treue und Untreue, Tod und Geburt. Eine kleine Geschichte erzählte sie mir, von einem winzigen Mädchen in den großen Stürmen des Krieges.

Seit Menschengedenken streiten die Riesen im Osten und die Riesen im Westen um das kleine Land am Meer, wollen es knechten, wollen seine Wälder, Felder und herrlichen Strände besitzen. Einmal hatten die Riesen des Ostens wieder gesiegt. Aber sie trauten dem kleinen Volk nicht, wollten es auseinander nehmen. Eines Nachts schickten sie ihre Soldaten, die klopften an alle Türen der Menschen, vor deren Verstand sich die Riesen fürchteten, und riefen:

„Packt euren Rucksack. Ab nach Sibirien."

Dreißigtausend Menschen packten in dieser einen Nacht verzweifelt und verwirrt ihre Rucksäcke. Was sollten sie mitnehmen?

„Deinen Wintermantel nimm mit", sagte ein Mann zu seiner Frau. Die junge Frau saß wie erstarrt. Sie hielt ihr krankes Baby auf dem Schoß.

„Es ist doch Sommer", flüsterte sie verständnislos.

„In Sibirien wird es lange kalt sein", sagte der Mann. Er packte warme Kleider ein, Brot, Tee und Zucker und ein Buch. Er nähte Geld ins Futter der Mäntel, damit es nicht gefunden wurde.

Endlich packte auch die Frau Windeln in eine Tasche, Milchflaschen und Grieß. Sie dachte nur an das Kind, das jetzt so bitterlich schrie.

Nach einer Stunde kamen die Soldaten wieder.

„Laßt uns hier", bat die Frau. „Unser Kind ist so krank."
Ein Soldat winkte mit dem Gewehr: „Geht!"
Ein anderer wollte beruhigen:
„Es wird schon nicht so schlimm werden. Auch in Sibirien kann man leben."
So bewegte sich ein langer Zug von Menschen in der Morgendämmerung zum Bahnhof. Ganz gewöhnliche Männer, Frauen und Kinder, bewacht von Soldaten.

„Solange wir beisammen sind, wird es schon gehen", dachte die junge Frau und hielt die Hand ihres Mannes. Aber am Bahnhof wurden sie getrennt. Die Männer mußten in einen Zug steigen, die Frauen und die Kinder in einen anderen.

Die Frau stand am Fenster ihres Waggons. Das Kind hatte jetzt hohes Fieber und wimmerte leise. Obwohl es Nacht war, hatte sich die Nachricht von der Verschleppung wie ein Lauffeuer im Ort verbreitet. Am Bahngleis versammelten sich die Zurückbleibenden. Wie durch einen Nebel erkannte die junge Frau auch ihre Schwester, eine ältliche Lehrerin, unverheiratet.

Das Kind wimmerte. Konnte es so eine Reise überhaupt überleben? Gedankenfetzen schwirrten der Mutter durch den Kopf. Sollte sie vielleicht...? Aber nein! Wo war ein krankes Kind besser aufgehoben als bei seiner Mutter?

Da ertönte eine Trillerpfeife. Der Zug setzte sich in Bewegung. Und im letzten, im allerletzten Augenblick riß sich die Mutter buchstäblich ihr Kind vom Herzen und warf es aus dem Fenster – in die Arme der Schwester.

Ein Wachsoldat schaute hin und wieder weg, denn seine Augen füllten sich mit Tränen. Irgendwie mußte Staub hineingeraten sein. Gesehen hat er jedenfalls nichts, sagte er.

Glühend heiß und naß grub sich das Gesichtchen des Babys in

den Halsausschnitt der dürren, ältlichen Lehrerin. Da durchfuhr sie die Liebe wie ein Blitz. Ja, Liebe und Zärtlichkeit, nie gekannte Gefühle in ihrem Leben. Ihr war, als hätte sie in diesem Augenblick das Kind selbst geboren und ihm zugleich die Treue geschworen. Traumwandlerisch trug sie es nach Hause.

Aber dann begann der Alltag. Nichts verstand sie von Babys und von Kinderkrankheiten. Nichts in ihrer Stube war auf ein Kind eingerichtet. Und wie sollte sie zur Arbeit gehen mit einem Baby? Und wo sollte sonst das Geld herkommen?

„Bist du verrückt?" sagten ihre Kollegen.

„Niemand hat mich gefragt", antwortete sie. „Das Schicksal hat mir ein Kind zugeworfen, und ich habe es aufgefangen."

Die Lehrerin holte die Oma zu sich. Zusammen ernährten, erzogen und liebten sie das Kind. Irgendwie reichte das kleine Gehalt der Lehrerin und der kleine Kartoffelgarten für alle drei. Aus dem kleinen, kranken Baby wurde eine schöne junge Frau.

Ihr Vater starb in der Kälte Sibiriens. Und erst nach 18 Jahren kehrte ihre Mutter zurück, eine Fremde, die kaum noch ihre Muttersprache sprach.

So war die Tante zur Mutter und die Mutter zur Tante geworden. Welches war nun die richtige Mutter? Es flossen viele Tränen. Hatten nicht alle gelitten und geopfert? Sollte die Tante, die all die Jahre die Mutter war, jetzt ihre Tochter verlieren? Sollte die Mutter, die jetzt fremd wie eine Tante war, kein Recht an ihrer leiblichen Tochter haben? Oh, so viele Tränen.

Da zog die Tochter in eine andere Stadt, um Lehrerin zu werden. Jede Woche schrieb sie einen langen Brief. Der fing immer so an:

Meine liebsten Mütter, liebe Oma. Mir geht es gut, was ich von euch auch hoffe...

Langsam verblaßte die Eifersucht der Frauen neben der Dankbarkeit und Freude am Überleben.

Die junge Frau heiratete, bekam drei Kinder, und es gab wieder Freiheit und Frieden.

An dieser Stelle der Geschichte machte die Gauja vergnügt einen kleinen Wasserfall und sagte:

„Du verstehst die Botschaft. Wenn Frauen ihre Arme ausbreiten, kann man überleben."

„Braucht es nicht auch manchmal das Staubkorn im Auge des Soldaten?" fragte ich.

„Besser gar keine Soldaten", antwortete die Gauja, umarmte zärtlich ihre Schwestern und floß mit ihnen zum Meer.

Alfred Zwiebelchen

Eingeschlossen von den bewaldeten Ländern des Nordens, die sie halten wie ein Kind zur Taufe, liegt die Ostsee. Ein Binnenmeer. Kaum Ebbe noch Flut zeigt sie und streckt zwischen Kattegat und Skagerrak nur einen dünnen Arm nach der Schwester, der lebhaften Nordsee, aus.

Obwohl sie viel sanfter als andere Meere ist, fanden doch viele, allzu viele Menschen in der Ostsee ihr Grab. Darüber weint sie oft. Und immer wieder versucht sie, die Menschen davon abzuhalten, in schlechten und überfüllten Schiffen den Hafen zu verlassen. Umsonst, denn zu machen Zeiten erscheint den Menschen das Leben an Land schrecklicher als der Tod im Meer.

So war es jedenfalls in den Zeiten des Krieges, als die schöne

Stadt Königsberg von Bomben zerstört und von Soldaten ge-
stürmt wurde. Alfred war zu dieser Zeit fünf Jahre alt, vielleicht
auch sechs oder sieben. So genau weiß er das nicht mehr, denn
jetzt ist er ein alter Mann.

Ein alter Mann sitzt am Strand von Pavilosta. Die Sonne
wärmt ihn, der Wind kühlt ihn. Er spricht mit dem Meer.

„Sag, Ostsee, weißt du, woher ich stamme?"

„Mit den Flüchtlingen kamst du, aus der zerstörten Stadt. Mit
den tausend Familien, die alle auf die Schiffe drängten."

„Warum bin ich dann hier, ganz allein?"

„Du gingst verloren in der Menge von Tausenden. Ein kleiner
Junge geht leicht verloren."

„Und meine Mutter? Hat sie mich nicht gesucht?"

„Wie hätte sie das tun sollen, wenn sie mit den anderen Kindern noch aufs Schiff kommen wollte?"

„Und warum bin ich nicht auf ein Schiff gekommen?"

„Ich habe dich davongejagt. Ksch, ksch, habe ich immer wieder gesagt. Ksch, ksch. Bleib an Land. Die Schiffe versinken, die
Erde nicht. So bliebst du am Leben. So wandertest du an meinem
Ufer entlang, viele Monate. Ich hatte ein Auge auf dich. Der Ge-
sang meiner Wellen begleitete dich."

„Ja, ich weiß. Ich dachte, solange ich dich sehe und höre, kann
ich nicht verloren gehen, kann meine Mutter mich vielleicht noch
finden.

Aber ich ging ja in die falsche Richtung. Die Schiffe fuhren
nach Westen, ich ging nach Nord-Osten."

„Was weiß ein Kind von Himmelsrichtungen? Du warst sehr
klein. Du schlüpftest überall durch, selbst durch die feindlichen
Linien der Soldaten.

Ein kleines Kind, allein, das bettelnd seine Hand ausstreckt, bekommt immer etwas. Das fürchtet niemand. Und ehe jemand nachdenkt, woher und wohin und warum überhaupt, ist das Kind schon wieder verschwunden. Du lerntest schnell, wurdest flink wie ein Wiesel und schlau wie ein Fuchs."

„Weinte ich nicht?"

„Doch, anfangs schon. Du weinst ja jetzt noch manchmal im Schlaf."

Der alte Mann schwieg eine lange Weile und schmeckte das Salz auf seinen Lippen. Das Meer war ein Teil seines Lebens geworden.

„Erzähl' weiter", sagte er dann. Denn jetzt, wo er die Erde bald mit ungewissem Ziel verlassen mußte, wollte er wenigstens wissen, woher er kam.

„Einmal kamst du in ein verlassenes Strandhaus. Ein Junge mußte da gelebt haben, ein wenig älter als du. Jedenfalls gab es Kleider, die du anzogst: ein Unterhemd, zwei Oberhemden, einen Pullover, eine Jacke und einen Mantel. Eine Unterhose, zwei Oberhosen, drei Paar Socken, Stiefel und Galoschen, eine Mütze und einen Hut. Das alles hast du immer anbehalten, wie sieben Häute über deiner Haut."

„Auch heute habe ich zwei Hemden und zwei Hosen an", sagte der alte Mann und lachte.

„Eine Weile bliebst du in dem Haus am Meer. Einmal ging eine Frau vorbei. Du dachtest, es sei deine Mutter, und ranntest ihr nach. Aber sie war es nicht. Da konntest du vor Enttäuschung nicht länger bleiben. Du tatest das restliche Brot in einen kleinen Sack und wandertest weiter an meinem Ufer nach Norden."

„Ich erinnere mich an das Brot", sagte der alte Mann. „Es war knochentrocken. Ich schlug es mit einem Stein in kleine Stücke und weichte sie in meinem Munde auf. So habe ich lange davon gelebt. Wie lange, weiß ich nicht, denn die Zeit wurde ein einziger Brei oder Nebel."

„Dann trafst du eines Tages andere Kinder, die auch Landstreicher geworden waren. Zuerst warst du froh, und ihr bliebt eine Weile zusammen. Aber dann wollten die anderen landeinwärts gehen. Du wolltest das Meer nicht verlassen. Es gab Streit, und die großen Kinder schlugen dich zusammen und ließen dich liegen."

„Und warum bin ich nicht gestorben?"

„Durch die Hilfe eines Fischers, der dich gefunden und mit nach Hause genommen hat, hast du überlebt.

‚Na, was bringst du mir denn da?' hat seine Frau gefragt. ‚Sieht ja aus wie ein Zwiebelchen in seinen vielen Kleidern. Und stinkt auch so.'

Die Frau wollte dich ausziehen und waschen. Aber du wehrtest dich wie ein Löwe. Schließlich hat sie dich mitsamt deinen sieben Sachen in den Waschzuber gesteckt. Da machte dich das warme Wasser schläfrig. Endlich konnte dich die Frau ausziehen und alles waschen. Du warst dünn wie ein Skelett und mit blauen Flecken übersät.

‚Ob aus dem nochmal was wird?' fragte die Frau ihren Mann. Aber sie haben dich behalten."

„Es waren gute Leute", sagte der alte Mann. „Sie hatten selbst nichts, und weniger als nichts kann man nicht haben, spotteten sie gutmütig. Als ich wieder gesund war, habe ich ihnen bei der Arbeit geholfen. Im Winter, wenn es nicht so viel zu tun gab, durfte ich sogar in die Schule gehen. Ich kann etwas lesen und schreiben.

Sie nennen mich Alfred Zwiebelchen. Wie ich getauft bin, weiß niemand. Ich hätte auch gerne eine Geburtsurkunde wie andere

Menschen. So kann ich nicht einmal beweisen, daß ich geboren bin. Ich bin ein verlorenes Kind, und niemand sucht mich."

Die Ostsee rauschte verständnisvoll. Sie verschwieg dem alten Mann, daß seine Familie schon lange auf ihrem Meeresgrunde ruhte. Seit damals, seit dem großen Krieg und der großen Flucht.

„Du bist jetzt kein Kind mehr", sagte sie nur.

„Jetzt ist er ein bißchen verrückt geworden, unser Großvater", sagten die Enkelkinder und schauten von Zeit zu Zeit hinüber zur Düne. „Da sitzt er wieder am Strand, hat all seine sieben Sachen an und redet mit dem Meer!"

„Ihr solltet lieber zuhören", dachte die Ostsee. „Wie wollt ihr sonst später einmal wissen, warum ihr Zwiebelchen mit Nachnamen heißt?"

Der alte Mann hatte die Augen geschlossen.

Juri kann zaubern

Das Schneewasser ist ein kleiner, ärmlicher Bach, fast schon ein Rinnsal.

„Ich würde gar nicht mehr fließen", sagt er, „wenn die Kinder nicht wären."

„Was denn für Kinder?" frage ich.

Der Bach antwortet: „Die Wolfskinder, die machen mich immer wieder neugierig."

„Mich auch", sage ich jetzt, und da erzählt er mir folgende Geschichte:

Juri lebt an einem Ort, an dem er nicht sein will. Aber wo

sonst könnte er sein wollen? Er erinnert sich nur noch dunkel an eine andere Zeit, andere Menschen, andere Namen, eine andere Sprache. Auch er selbst hieß nicht immer Juri. Wie dann?

An das Leben im Wald erinnert er sich noch gut. Das ist ja auch noch nicht lang her. An schneidende Kälte erinnert er sich, an Hunger, an Dreck und kaputte Füße, an Läuse und Schlägereien um ein Stückchen Rübe.

Schlägereien gibt es hier auch. Juri ist klein und schmächtig. Er kann nie gewinnen. Darum hat er gelernt, sich still und unauffällig zu verhalten, beinahe unsichtbar. Darum schlägt ihn niemand mehr und beachtet ihn keiner. Mitten in einer Schar von Kindern ist er allein.

Es ist ein Kinderhaus, in dem Juri lebt. Er hat ein Bett, saubere Kleider, genug zu essen und sogar Schule. Das alles verdankt er André. Der hat sich das Haus am Schneewasser ausgedacht, hat hundert Mal zu hundert Leuten gesagt, daß das nötig ist, daß das Menschenpflicht ist.

Viele gehen in den Wald, um Preiselbeeren oder Pilze zu sammeln. André sammelt Kinder, geht einfach in den Wald und sammelt Kinder, an geheimen Plätzen, in Höhlen und unter Brücken. Er nimmt sie mit, die oft schon wie kleine Wölfe aussehen, verdreckt und verschreckt. „Böse Kinder", sagen die Lehrer und Erzieher oft. „Gute Kinder", sagt André, „nur verwildert, Wolfskinder eben, verloren, verlassen, verdreckt und verschreckt."

André wäscht sie, verbindet ihre Wunden, gibt ihnen neue Kleider. Er gibt ihnen gute russische Namen und sucht Paten für sie, die sie an ihrem Geburtstag besuchen und beschenken können. Auch ein Geburtsdatum gibt er ihnen. Alle seine Wolfskinder haben an Feiertagen Geburtstag, denn nur an Feiertagen werden die Paten sie besuchen können. André hat an alles gedacht.

Ein „Wiedergutmacher" ist er. Er versteht was vom kleinen Glück, das er selbst als Kind nicht gehabt hat.

Juri weiß, daß es hier hundert Mal besser ist als im Wald. Wenn er sich nur nicht so unbegreiflich traurig fühlte, so allein, klein und schwach. Nie wird er etwas bewirken können.

Da passiert eines Tages etwas Erstaunliches. Juri merkt, daß er zaubern kann. Wenn er zum Beispiel den Wanja lange genug anstarrt, verwandelt der sich in ein Schwein. Fett und rosa sitzt er in der ersten Bank, und seine Stimme quiekt und grunzt. Juri muß lachen, denn das Schwein pupst. Sein Nebensitzer hält sich die Nase zu. Das geht bei dem auch gut, denn seine Nase ist so lang wie ein Rüssel. Juri verzaubert ihn in einen Elefanten. Als der Lehrer diesen Elefanten an die Tafel ruft, trampelt er nach vorn und wirft dabei die Porzellanvase vom Lehrertisch. Jetzt staunt Juri noch mehr, denn der Lehrer schreit: „Du Elefant im Porzellanladen. Paß doch auf!"

Er hat es also gemerkt, daß Juri zaubern kann. Oder nicht? Juri starrt ihn nachdenklich an. Und da … nein, bitte nicht! – Aber es ist schon zu spät. Der Lehrer hat sich in einen krächzenden Raben verwandelt, der ärgerlich mit dem Schnabel auf die Wandtafel klopft.

„Paß mal ein bißchen auf. Wie schreibt man Federvieh?" Der Elefant macht sein dümmstes Elefantengesicht.

Die Zauberei wird für Juri zur Sucht. Er verbringt die meiste Zeit des Tages damit und kann es nicht mehr lassen. Lisa wird zur Gans, Selma zum Schaf, das bucklige Fräulein Karlowa zum Kamel und Fjodor zum Hasen. Zum Lachen ist das ja – aber auch erschreckend. Wo wird das enden? Juri kann an nichts anderes mehr denken. Die halbe Klasse ist schon verzaubert und die Lehrer fast alle.

Was Juri wundert ist, daß sich die Betroffenen nichts daraus zu machen scheinen. Nur manchmal merkt Juri an kleinen Nebenbemerkungen, daß andere es doch bemerkt haben müssen.

„Glubsch nicht so, Fischauge", sagt jemand zu Oskar, dem Karpfen. Oder:

„Wenn ich so eine Schafsnase hätte wie du, Selma, dann wäre ich mal ganz ruhig."

Aber es gibt keinen Aufruhr, keinen Skandal, niemand holt die Polizei oder das Gesundheitsamt. Niemand scheint die übersinnlichen Kräfte von Juri zu bemerken. Oder fürchten sie sich nur vor ihm?

Juri sitzt neben Zoscha, einem stillen Mädchen. Eigentlich hat er noch nie mit ihr geredet. Was soll man mit einem Mädchen auch reden?

Jetzt ist er sowieso so mit seiner Zauberei beschäftigt, daß er sogar manchmal leise in sich hineinlacht, wenn eins der Tiere sich zu merkwürdig benimmt.

„Elefant sitzt ja jetzt neben Hase", sagt Zoscha plötzlich und kichert. „Wahrscheinlich hat's ihm neben Schwein zu sehr gestunken."

Juri traut seinen Ohren nicht. „Du, du meinst, du…" stottert er.

„Starr mich nicht so an", sagt Zoscha. „Bei dir ist das gefährlich."

Juri schlägt brav die Augen nieder.

„Es ist ja wirklich nicht schwer zu sehen, daß Fjodor ein Hase ist. Tiere mit einer Hasenscharte sprechen ja auch anders als andere Tiere. Und wenn sich bei Waldo die Nackenhaare so sträuben, dann kann das nur ein Wolf sein. Das weiß ich doch vom letzten Winter."

Ein warmes Kribbeln krabbelt in Juris Bauch. Zaubern können macht ja schon viel Spaß, aber jemanden zu finden, der das auch bemerkt, der einen richtig versteht und anerkennt, das ist ja 'ne Wucht.

In der nächsten Zeit haben Juri und Zoscha viel zu flüstern und zu kichern. Dem Esel ist das ebenso ein Rätsel wie dem Kamel. Auch André fällt es auf.

„Du schaust mich ja in der letzten Zeit kaum noch an, Juri."

„Ne", sagt Juri und schaut zu Boden. „Das könnte komische Folgen haben."

Im Hintergrund kichert Zoscha, und André freut sich, daß seine Kinder was zu lachen haben.

„Mich wundert, daß die anderen nicht bemerken, wie sie jetzt aussehen", sagt Juri. Und Zoscha sagt: „Sie bemerken es schon, aber das ist wie mit den neuen Kleidern des Zaren. Weißt du, das Märchen, das uns das Kamel neulich vorgelesen hat, als der Affe vom Stuhl fiel."

Juri muß nachdenken. „Wieso soll das das gleiche sein?"

„Na der Zar ist nackt, soll aber was anhaben. ‚Kleider, Kleider, Kleider' schreit der Schneider, bis alle glauben, was sie nicht sehen."

„Na und?" fragt Juri.

„Hier ist es umgekehrt. Alle glauben nicht, was sie sehen."

„Also umgekehrt."

„Ja."

„Also nicht gleich."

„Na ja."

„Es wäre auch zu komisch, zugeben zu müssen, daß wir eigentlich eine Tierschule sind", sagt Juri und merkt zu spät, daß er Zoscha die ganze Zeit angesehen hat.

„Warum?" gurrt Zoscha und putzt sich ihre schönen, weißen Taubenflügelchen.

„Das sind fürwahr ziemlich ungewöhnliche Kinder in einer ziemlich ungewöhnlichen Schule", sage ich zum Schneewasser.

„Ich hoffe nur", antwortet es mir, „daß ich noch so lange an diesem Haus vorbeifließe und in seine Fenster gucke, daß ich dabei bin, wenn Juri einmal die Schule verläßt."

„Warum denn das?"

„Ich möchte zu gerne wissen, ob die Kinder alle Tiere bleiben, oder ob der Zauber an Juri gebunden ist und mit ihm verschwindet."

„Du bist wohl schon etwas zu lang an dem Haus dieser Kinder vorbeigeflossen", ich werde plötzlich wütend. „So ein Blödsinn. Zauberei! Wo gibt's denn sowas!"

„Am Schneewasser, meine Liebe!" antwortet der Bach schnippisch und lugt weiter ins Fenster des Kinderhauses.

Fremdsein

Maschas Schürzchen

Wißt ihr, wo Pitešti liegt? Ich auch nicht. Aber da hat einmal die Mascha gewohnt, ehe sie zu uns ins Schwabenland gekommen ist: nach Weil im Dorf, da, wo auch die Oma Schätzle gewohnt hat.

Die Mascha ist damals acht Jahre alt gewesen und die Oma Schätzle achtundachtzig. In Wahrheit hat sie gar keine eigenen Enkelkinder gehabt, die Frau Schätzle. Aber gerade deshalb ist sie von allen die Oma gewesen. Besonders von der Mascha.

„Du Oma", hat die Mascha gesagt, „mich haben sie gar nicht genug Kastanien sammeln lassen."

„Ja, wieviele hast du denn gehabt?" hat die Oma gefragt.

„Zuerst war meine Schürzentasche voll. Aber als ich heimgekommen bin, da war sie nicht mehr voll."

„Merkwürdig", hat die Oma gesagt.

Einmal hat der nette, alte Apotheker allen Kindern Hustenbonbons geschenkt. „Aber ich hab gar nicht viel gekriegt", hat die Mascha sich beklagt.

„Ja, wieviele hast du denn gekriegt?" hat die Oma gefragt.

„Zuerst war meine Schürzentasche voll. Aber daheim war sie dann leer."

Merkwürdig hat die Oma Schätzle das gefunden.

„In der Schule hat heute der Lehrer die Kinder gelobt, und viele haben Fleißbildchen gekriegt", hat die Mascha erzählt.

„Na, du bist doch auch so ein fleißiges Lieschen. Du hast doch sicher auch was gekriegt. Was schaust denn so betrübt?"

„Ha", hat die Mascha gesagt und traurig auf ihr Schürzchen geguckt. „Ich hab bloß eins gekriegt."

In diesem Jahr gab es unglaublich viele Zwetschgen. Darum hat die Bäuerin vom Schmiederhof viele hergeschenkt.

Aber auch davon hat die Mascha nicht genug bekommen. „Ja, hast du dein Schürzchen nicht aufgehalten?" hat die Oma gefragt.

„Doch", hat die Mascha gesagt und fast geweint. „Aber jetzt ist nichts mehr drin. Bloß noch Flecken."

Da ist die Oma Schätzle energisch geworden.

„Zeig mir mal die Schürze", hat sie gesagt. „Ja was. Ja wie. Da ist ja ein großes Loch drin. Das ist ja ein Faß ohne Boden! Kein Wunder, daß du nie genug kriegst."

Die Oma Schätzle hat das Schürzchen genommen, hat es gewaschen, gebügelt und geflickt, mit einem großen, festen Flicken. Mascha ist dabeigesessen und hat erzählt, wie das war, weit weg von Pitești und im Flüchtlingslager, wo es keinen Kastanienbaum, keine Bonbons, keine Schule und keine Zwetschgen gegeben hat.

„Ja, weißt du", hat die Oma gesagt, „das, was du da alles nicht gekriegt hast, das macht ein großes Loch. Da fällt alles durch. Das Loch ist einfach zu groß. Das kann man nicht zustopfen. Das kann man nur flicken."

Die Mascha hat ein nachdenkliches Gesicht gemacht.

„So", hat die Oma dann gesagt und den Nähfaden abgebissen. „Jetzt ist das Schürzchen geflickt!"

Da hat die Mascha ihre Schürze wieder umgebunden, und die Oma hat ihr Rosinenwecken in die Taschen gefüllt.

Als die Mascha diesmal zu Hause angekommen ist, waren die Wecken alle noch da, mehr als genug.

Der Anderle

Der Anderle war anders als alle Kinder. Das fing schon beim Wohnen an. Alle Kinder wohnten in einem festen Haus, das immer auf derselben Stelle stand. Der Anderle wohnte in einem Bauwagen auf Rädern, der von Ort zu Ort fahren konnte.

Anderles Vater war Straßenarbeiter. Weil in Dürlesbach die Straßen ziemlich kaputt waren, blieb der Bauwagen dort eine ganze Weile stehen. Der Vater reparierte die Straßen, und der Anderle spielte mit den Dorfkindern.

„Hat deine Mutter deine Haare zu heiß gebügelt?" fragte ihn ein Mädchen.

„Warum?" sagte der Anderle und griff sich auf den Kopf.

„Ha, weil sie so schwarz und kraus sind, wie verbrannt. Guck' mal, unsere sind alle hell und fatzeglatt."

Alle Kinder wollten den krausen Haarschopf vom Anderle mal anfassen. Der hatte aber bald genug davon, schlug ein Rad und lief auf den Händen davon. Da lachten die Kinder und wollten es ihm gleich tun, purzelten dabei aber hin und her und übereinander.

„Ja, was gibt's denn hier für einen Zirkus?" fragte die Möhrles Oma, die gerade vorbei kam.

„Wir laufen wie der Anderle", riefen die Kinder. „Der läuft nämlich anders. Der läuft auf den Händen!"

In die Schule ging der Anderle auch, solange er in Dürlesbach war.

„Guck', Mama", erzählte der Jockel daheim. „Ich schreib' so, aber der Anderle schreibt anders. Der schreibt so!" Und er versuchte, mit der linken Hand zu schreiben.

„Was? So wüst schreibt der Anderle?" fragte die Mutter und fand das bedauerlich.

„Aber nein", berichtigte der Jockel. „Der Anderle schreibt mit der linken Hand besser als wir mit der rechten."

Nach der Schule erzählten sich die Kinder manchmal, was es bei ihnen zu Mittag gäbe.

„Bei uns gibt's heute Linsen und Spätzle", sagte dann wohl der Eugen, und die Jule sagte: „Bei uns gibt's Dampfnudeln."

Aber der Anderle sagte: „Bei uns gibt's Karfiol."

Ja, was war denn das? Die Kinder machten sich die wildesten Vorstellungen von diesem Gericht. War es Krähenbraten oder gekochte Schuhsohlen? Sie wollten es sehen.

Zögernd nahm der Anderle seine Schulkameraden mit zum Bauwagen. Da stand auf dem kleinen Tisch mit der rotkarierten Tischdecke eine Schüssel mit … Blumenkohl. Schön mit brauner Butter und Semmelbrösel übergossen und mit Salzkartoffeln umgeben.

„Ja waaas, das ist ja Blumenkohl", riefen die Kinder enttäuscht

„Bei uns heißt er eben anders", sagte der Anderle.

In den Küchen und Waschküchen vor Dürlesbach sprach man noch lange darüber, daß dieses merkwürdige Kind zu so etwas einfachem wie Blumenkohl „Karfiol" sagte. Und erst der Vater! Wenn der einen Kaffee wollte, dann sagte er zum Wirt: „Bringen Sie mir einen großen Braunen."

„Also, das ist ja schon ein bißchen merkwürdig. Finden Sie nicht auch, Frau Nachbarin?"

Der Anderle sah also anders aus, redete anders, aß anders, wohnte anders und schrieb anders. Es war schon ziemlich viel anders am Anderle. Aber bei Lichte besehen doch nicht so viel, daß man in ihm nicht auch einen kleinen Buben hätte erkennen können. Ja, eigentlich war er wie alle anderen auch. Nur – eben ein bißchen anders. Vielleicht lustiger?

Eines Tages waren in Dürlesbach alle Straßen repariert. Glatt und schön lagen sie in der Mittagssonne. Da zog der Bauwagen wieder weiter. Der Anderle stand am Fenster, schnitt lustige Grimassen, und alle Kinder standen auf der neuen Straße und winkten.

Der Jockel aber kickte mißmutig mit dem Fuß auf die Erde und sagte:

„Hoffentlich ist die Straße bald wieder kaputt."

Und als sein Vater erstaunt rüberschaute, sagte er:

„Ohne den Anderle ist es uns hier zu fad. Es muß wieder einer her, der ein bißchen anders ist."

Ein Mops aus lila Glas

Weihnachten ist halt eine schöne Zeit, denkt der Jockel und schnuppert den Duft von Tannenreis. Bald wird die erste Kerze auf dem Adventskranz brennen, Plätzchen werden gebacken, und überall gibt es Geheimnisse.

„Komm hier nicht rein, guck da nicht hin", heißt es immerzu.

Die jüngeren Geschwister bekommen einen Adventskalender, damit sie die Tage bis zum Christfest besser zählen können.

Und dann, endlich, ist es soweit. Nachdem alle eine Weile im Dunkeln gewartet haben, ertönt das Glöckchen, die Tür geht auf, und da steht der Weihnachtsbaum im Lichterglanz. Alle singen, sind aufgeregt und haben so ein kribbeliges Gefühl im Bauch.

Der Großvater liest die Weihnachtsgeschichte vor, und die Kinder schielen schon mal auf die vielen Päckchen.

Alle Jahre wieder!

Dann werden mit Hallo die Geschenke ausgepackt. Das ist eine Freude – und manchmal auch insgeheim eine Enttäuschung. Der Jockel schluckt ein bißchen, weil die Skier, die er bekommen hat, eigentlich nicht die Skier sind, die er sich gewünscht hat, sondern die von seinem älteren Bruder. Aber die Bindung ist neu, echt klasse. Da kann man nicht meckern.

Die kleinen Schwestern spielen mit der Puppenküche, die große Schwester liest, der Bruder probiert seinen Anorak an, der Vater schaut ab und zu in der Küche nach den Weihnachtsbraten, Großvater streichelt Großmutters Hand, Tante Klara hat die Katze auf dem Schoß, und die Mutter streicht das Einwickelpapier glatt. Jockel knabbert an einem Plätzchen. „Bei uns ist es richtig schön", denkt er.

Plötzlich ertönt ein Schrei. „Da, da!"

Die kleine Annegret zeigt auf das Krippenhaus unterm Weihnachtsbaum. Alle springen auf. Auch der Vater kommt aus der Küche angerannt, weil er denkt, es brennt.

„Ein fremder Mops", schreit Annegret. Und jetzt sehen es alle: Mitten unter den schönen, altbekannten Holzfiguren sitzt ein Mops. Direkt neben dem Jesuskind sitzt er und ist – aus lila Glas.

„Wo kommt der denn her?"

„Der gehört doch gar nicht dazu!"

„So ein Kitsch!"

„Eine Geschmacklosigkeit ist das."

„Der muß wieder weg."

„Weiß jemand, wie der hier hergekommen ist?"

Alle rufen durcheinander. Jeder sieht fragend den anderen an.

Der kleine Fremdling sitzt da und schaut mit seinem traurigen Mopsgesicht zur Gottesmutter auf.

„Entschuldige, daß ich geboren bin", scheint er zu sagen. Maria lächelt wie immer. Auch die anderen Figuren zeigen keinerlei Überraschung. Joseph hält die Laterne hoch und leuchtet den Hirten, die heiligen drei Könige biegen gerade um die Hausecke, vom Dach schauen die pausbäckigen Engelchen herunter, und Ochs und Esel wärmen das Neugeborene mit ihrer Nähe.

„Aber Mama", sagt Annegret vorwurfsvoll. „Dieser Mops ist doch fremd."

„Na ja", antwortet die Mutter. „Wir alle waren uns ja mal fremd."

Jockel schaut sich an, schaut seine Mutter an, schaut in die vertraute Runde seiner Familie.

„Ach wo!" sagt er.

„Aber ja", sagt die Mutter. „Als du geboren wurdest, hatten weder ich noch sonst jemand dich je vorher gesehen. Du warst zwar nicht aus lila Glas, aber du sahst doch ziemlich fremd aus."

Alle lachen. „Jockel war ein lila Mops, Jockel war ein lila Mops", singt Annegret.

„Du aber auch", mault Jockel. Er ist ein bißchen gekränkt, muß der Mutter aber irgendwie recht geben.

Der fremde Mops aus lila Glas bleibt bei den altbekannten Holzfiguren stehen. Bald ist er allen so vertraut, als wäre er schon immer dagewesen. Gar nicht mehr wegzudenken ist er von der Krippe, die durch ihn zu etwas ganz Besonderem geworden ist.

Das dreizehnte Schweinchen

„Kupferdächle, Kupferdächle", riefen die Kinder von Immenhausen, wenn sie den Heiner sahen, denn der hatte, wie Ihr Euch
schon denken könnt, feuerrote Haare. Und noch etwas fiel beim
Heiner auf: Alle Väter in Immenhausen waren Bauern. Sie arbei-
teten auf dem Feld, im Wald und im Stall. Aber Heiners Vater war
Professor in Tübingen. Was er arbeitete, sah keiner. Ja, das war
doch nicht normal!

Heiner wünschte sich nichts sehnlicher, als normal zu sein.
Dazu gehörte auch, daß man Tiere besaß. Alle Kinder sprachen
von ihren Hunden, Katzen und Hasen, von der Kuh, die gerade
gekalbt und von der Sau, die sieben Ferkel geworfen hatte. Der
alte Geißbock war gestorben, die Henne Alma hatte ihr Gelege in
der Scheune versteckt und heimlich elf Küken ausgebrütet. Man
bedenke, elf!!

Heiner Kupferdächle hatte nie derlei zu erzählen.

„Könntet mir net au amol a Säule han?" fragte der Bub eines
Morgens. Aber sein Vater ermahnte ihn nur, „normal" zu sprechen, und seine Mutter lachte über diese herzige Frage.

Der Heiner hatte sich aber etwas dabei gedacht.

Der Bauer Häberle, der nebenan wohnte, hatte ihn nämlich gefragt, ob er ihm ein bißchen helfen würde. Seine Sau Berta sollte
heute ihre Ferkel werfen, und da mußte immer jemand bei ihr
sein. Ob der Heiner das wohl machen könnte, damit der Bauer
und die Bäuerin ihrer gewohnten Arbeit nachgehen konnten?
Wenn es soweit war, brauchte er sie nur zu rufen.

Der Heiner war sehr stolz, daß der Bauer Häberle ihm das zu-
traute. Er hatte aber auch Angst, wie das sein würde, wenn die

Sau Berta plötzlich anfing, mit Ferkeln um sich zu werfen. „Das sagt man doch bloß so, dummer Bub." Die Bäuerin lachte. „Das heißt einfach, die Ferkelchen werden geboren. Wenn die alte Berta also recht grunzt und druckst, dann rufst du uns ganz schnell."

Der Heiner tat, wie ihm geheißen, und die brave Sau Berta brachte mit Hilfe von Heiner und den Häberles dreizehn Ferkel zur Welt.

„Jesses", rief die Bäuerin, „eine Sau hat ja bloß zwölf Strich. Dreizehn Säule kann sie nicht füttern."

Heiner hielt vergebens nach zwölf Strichen Ausschau, bis er merkte, daß damit die Milchzitzen gemeint waren, von denen das Dreizehnte keine abbekam.

„Ha, dann schenk's Dreizehnte doch dem Bub", sagte der Bauer, und ehe der Heiner sich's versah, war sein sehnlichster Wunsch in Erfüllung gegangen.

„Sag mal, wie riechst du denn?" fragte seine Mutter, als Heiner zum Abendessen kam. „Geh sofort und wasch dich."

„Quiek, quiek", machte es in Heiners Anorak.

„Laß die dummen Witze", sagte der Vater.

Heiner rannte ins Badezimmer und ließ das Schweinchen erst einmal dort. Aber die Tür ließ er einen Spalt offen, damit es sich nicht fürchte. Als das Nachtessen gerade bis zu den Kässpätzle gediehen war, machte es auf einmal tap-tap-tap und quiek-quiek. Die Mutter starrte die Tür, der Vater starrte die Mutter an. „Was ist?" fragte er.

„Da ist ein kleines rosa …", rief sie entgeistert.

Nun kam die ganze Geschichte ans Lampenlicht! Aber zurückgeben konnte man das Schweinchen ja auch nicht. Rosa bekam viel Flaschenmilch und später als Stall den Geräteschuppen im Garten. Weil sie viel Platz hatte und sich frei bewegen konnte, auch nicht gemästet wurde, war sie schlank wie ein Wildschwein und bekam auch lange rote Borstenhaare. Sie war zutraulich und folgsam wie ein Hund.

„Rosa", rief der Heiner. Und schon kam sie angerannt und ging mit der rothaarigen Familie durch Dorf und Feld spazieren.

Die Leute von Immenhausen waren stolz auf ihr Professorenschwein, das so frei, langhaarig und klug war, wie sie selbst zur Zeit der Bauernkriege.

Der Heiner Kupferdächle war zwar immer noch nicht „normal", aber was er mit seinem Ferkelchen zustande gebracht hatte, war so normal „unnormal" wie die Henne Alma mit ihren versteckten Eiern.

Endlich konnte und durfte er auch mitreden.

Wer bin ich denn?

Was sucht wohl der Herbert?

„Ja, Herbertle", sagt die Oma in Schwieberdingen, „Herbertle, was machst du denn da?"

„Ich such' was", sagte der Herbert.

„Was suchst denn auch immer?" fragte die Oma.

„Ich weiß nicht", sagte das Herbertle.

In der Schule war der Herbert fleißig. Wenn der Lehrer ihm sein Heft zurückgab und sagte: „Schön hast du wieder geschrieben, Bub", dann schaute der Herbert sich um, ob der Lehrer auch wirklich ihn und nicht vielleicht einen hinter ihm gemeint hätte. Dann lachte der Lehrer und sagte: „Wen suchst denn, Herbertle? Du bist gemeint!"

Der Herbert half seiner Oma mit dem Brennholz. Korb für Korb trug er es rein und schichtete es auf, bis der ganze Holzstall voll war.

„Da hast du jetzt aber fleißig geschafft, Herbert", sagte die Oma und schenkte ihm zwei Nußkipferl. Der Herbert schaute auf seine Fußspitzen.

„Meinst?" fragte er mißtrauisch und wußte nicht, warum die Oma „jetzt" gesagt hatte. Fand sie ihn sonst nicht fleißig?

„Herbert", riefen die Kinder. „Herbert, komm runter auf die Gaß." Herbert stand am Fenster und schaute bloß zu.

„Ja, was ist, kommst du jetzt?" riefen die Kinder.

76

„Meint ihr mich?" fragte der Herbert.

„Ja, wen denn sonst", riefen die Kinder. „Wer heißt denn sonst noch Herbert im Haus?"

Da freute sich der Herbert, daß die Kinder mit ihm spielen wollten. Aber so ganz glaubte er es nicht.

In der Nacht schlief der Herbert schlecht und wachte oft schreiend auf.

„Ja, was hast du denn, Büble?" fragte dann die Oma.

„Ich weiß doch nicht", schluchzte der Herbert. „Ich hab halt was gesucht." Aber weil er nicht wußte, was, schlief er wieder ein.

Wenn der Herbert sich anziehen sollte, dann dauerte das immer ziemlich lange. Einmal suchte er seine Hose, dann wieder seine Schuhe oder sein Hemd. Und wenn er das eine gefunden hatte, paßte es nicht zum anderen. Er brauchte viel Zeit, bis er sich endlich entscheiden konnte, was er überhaupt anziehen wollte.

„Ja, Herbertle", sagte die Oma, „Was machst du denn immer für einen Zirkus!"

Und wenn sie ihn fragte, ob er noch ein Schmalzbrot wolle, sagte er: „Ich weiß nicht."

„Mit dir hat man sein Kreuz", sagte die Oma und seufzte.

Eines Tages kam ein Telegramm nach Schwieberdingen. Aus Hamburg kam es und war für die Oma. „Bin aus Grönland zurück. Komme Samstag heim. Dein Sohn Herbert Schmitt", stand da drauf. Die Oma zeigte das Telegramm ihrem Enkel.

„Herbert Schmitt? Wer ist das denn?" fragte der Bub verwundert.

„Ha, das ist doch dein Vater", sagte die Oma und freute sich. „Der ist jetzt schon fast so lang auf See, wie du lebst."

Da hörte der Herbert auf zu suchen.

Am Samstag ging er mit seiner Oma zur Bushaltestelle. Ein

großer braungebrannter Mann stieg aus mit einem Seesack auf der Schulter. „Hallo Kumpel", rief er und nahm Herbert bei der Hand. Dem wurde ganz heiß, denn aus dem großen Herz ging durch die große Hand ein heißer Strom in die kleine Hand und das kleine Herz.

Herbert ließ diese Hand den ganzen Heimweg nicht los.

Als sie zu Hause ankamen, da war er mindestens zehn Zentimeter gewachsen und dreimal so stark wie vorher.

Haben Flamingos nur ein Bein?

Also, daß einer auf so einem dünnen Stelzfuß so lange die Balance halten kann, das ist schon ein kleines Weltwunder. Aber stehen die Flamingos auf einem Bein, weil sie nur eins haben, oder, …ja, oder aus einem anderen Grund? Diese Unklarheit hat einmal viel Unbehagen über eine kleine Prinzessin und ihre Mitmenschen gebracht. Das war nicht etwa eine Sache von geringer Bedeutung und hat sich auf folgende Weise zugetragen:

In einem südlichen Land lebte einmal ein König mit seiner kleinen Tochter. Diese Tochter war überaus hübsch, aber leider sehr seltsam. Alles, was sie besaß, mußte rosa sein. Da die Mutter des Kindes früh gestorben war, hatte der König Anweisung gegeben, der armen Prinzessin jeden Wunsch von den Lippen abzulesen. Und so bekam sie rosa Kleider, rosa Bettwäsche, rosa Bilderbücher, Waschlappen und Strümpfe, rosa Möbel, rosa Zahnpasta und rosa Pudding. Wenn jemand sie fragte, warum denn bei ihr immer alles rosa sein müßte, dann sagte sie nur:

„Ich liebe Flamingos."

Ihre Mutter hatte ihr einen rosa Morgenrock hinterlassen mit einem Flamingofederkragen. In den kuschelte sie sich oft und schaute traurig aus ihrem Erkerfenster auf die rosa Rosenbeete im Garten.

Das wäre ja alles noch nicht so schlimm gewesen, wenn die kleine Prinzessin nicht noch eine andere Eigenart gehabt hätte. Schenkte ihr nämlich jemand eine Puppe oder einen Teddy – rosa, natürlich – dann riß sie ihnen sofort ein Bein aus. Fragte die Kammerzofe dann nach dem Grund, antwortete sie wieder trotzig:

„Ich liebe Flamingos."

Über ihrem Bett hing ein Bild, das ihre Mutter gemalt hatte. Darauf standen an einem Seeufer lauter Flamingos, alle auf einem Bein, schlafend.

Berichteten die Dienstboten dem König von diesem seltsamen Treiben, so pflegte er unwirsch zu sagen: „Ach was, sie ist doch noch ein Kind. Das verwächst sich." Er war immer sehr beschäftigt, mit Regieren und Kriegführen und derlei. Von kleinen Mädchen verstand er rein gar nichts.

Einmal kam der König des Nachbarlandes zu Besuch. Den wollte unser König gern zum Freund und Verbündeten haben. Darum ließ er ihn fürstlich bewirten. Gegen Ende des Festmahls wurde die kleine Prinzessin hereingerufen, um einen Hofknicks zu machen. Die Frau des fremden Königs hatte ihr eine kostbare alte Porzellanpuppe mitgebracht. Die kleine Prinzessin nahm sie, bedankte sich, riß ihr sofort ein Bein aus, warf es hinter den Thronsessel, daß es klirrend zersprang, und ging dann mit der einbeinigen Puppe zufrieden zum Saal hinaus. Die Festgesellschaft erstarrte. Die fremde Königin bekam einen Kreischanfall und verlangte, daß sofort angespannt und nach Hause gefahren werde.

79

„Bei solchen Barbaren bleibe ich keine Minute länger", schrie sie, „nein, nein und abermals nein."

Ihrem Mann, der das alles eigentlich nicht so eng sah, blieb nichts anderes übrig, als ihrem Wunsch zu folgen.

Jetzt endlich war unser König bereit, über das seltsame Gebaren seiner Tochter nachzudenken und seine Minister anzuhören.

„Es geht doch nicht an, daß eine Prinzessin sich so verhält. Und das in aller Öffentlichkeit", sagte einer.

„Ja, eine Prinzessin ist doch von großer Wichtigkeit und ein Vorbild für die ganze Nation", sagte ein anderer. „Stellen Euer Majestät sich mal vor, wie furchtbar es wäre, wenn alle Kinder im Land sie nachahmten und ihren Teddys und Puppen die Beine ausrissen. Ein Verfall der Moral!"

„Ja, ist sie denn so böse", fragte der König erregt. „Soll ich sie denn verstecken und in einen Turm einsperren?"

„Die Prinzessin ist krank, Euer Majestät. Ihre Seele leidet", sagt da der älteste Minister.

„Hat sie nicht alles, was man sich nur denken kann? Wird ihr nicht jeder Wunsch von den Lippen abgelesen? Ja, was fehlt ihr denn noch?" rief der König.

„Eine Mutter", antwortete der alte Minister.

Da weinte der König, denn auch er hatte seine Frau von Herzen lieb gehabt.

„Was ist da zu tun?" fragte er ohne Hoffnung. „Denn wieder heiraten werde ich nun und nimmermehr."

Nach langem Schweigen sagte einer:

„Unten am Fluß lebt eine weise Frau. Euer Majestät sollten sie kommen lassen. In ihrem langen Leben hat sie viel von der Seele der Menschen erfahren."

Da schickte der König einen Boten an den Fluß. Aber die weise Frau ließ sagen, sie sei zu alt, um noch irgendwohin zu gehen. Wer wirklich was in seinem Leben ändern wolle, der solle nur zu ihr kommen. Da ergrimmte der König.

„Was bildet sie sich ein?" schrie er. „Bin ich hier nicht der König und habe zu befehlen?" Und er befahl, die widerspenstige Alte in den Turm zu werfen.

„Wenn Ihr das tut", gab der älteste Minister zu bedenken, „dann wird sie sterben und niemandem ist geholfen. Denn sie ist die einzige in Eurem Königreich."

Da nahm der König seinen Befehl zurück. Einen Tag und eine Nacht saß er grübelnd am Fenster. Dann ließ er die Kutsche anspannen und fuhr mit seiner Tochter hinunter an den Fluß.

„Wohin fahren wir?" fragte die kleine Prinzessin, denn ihr Vater hatte sie noch nie mitgenommen.

„Zu einer Waldfrau", antwortete der Vater vorsichtig. Da war die kleine Prinzessin gespannt.

Das letzte Stück mußten sie zu Fuß gehen, denn der Waldpfad war zu schmal für eine Kutsche. Die Waldfrau empfing sie freundlich, bedankte sich für die Mühe, die die Reisenden mit dem langen Weg auf sich genommen hatten, und fragte nach ihrem Begehr.

„Meine Tochter ist seltsam", sagte der König, tief betrübt. „Und wie soll eine Prinzessin, die seltsam ist, einmal ein Königreich regieren? Das macht uns allen große Sorgen."

Die kleine Prinzessin staunte, denn sie wußte von diesen Sorgen nichts.

„Was bedeutet ‚seltsam'?" fragte sie.

Da merkte die Waldfrau, daß die Welt, in der die Prinzessin lebte, eine ganz andere war als die Welt des Königs und der Minister. Sie bat den König, auf einer Kiste am Fenster Platz zu nehmen. Ohne es zu verbessern, sollte er dem Gespräch des Kindes lauschen, während er in den Wald hinausschaute.

Sie ließ nun die Prinzessin mit seltenen Steinen, Muscheln und Federn spielen und fragte sie dies und das. So erfuhr sie eine Menge aus der rosa Welt: von Ängsten, Traurigkeiten und Flamingofedern. Dem Vater wurde zum ersten Mal klar, wie einsam sein Kind in seinem rosa Paradies war, wie wenig es wußte. Manchmal wollte er etwas berichtigen. Aber dann legte die Waldfrau den Finger auf den Mund und bedeutete ihm, nur zu lauschen und zu verstehen. Einem König, der sonst immer handelt und befiehlt, fällt das schwer.

„Und ich will einfach nicht, daß meine Teddys und Puppen zwei Beine haben, wenn doch die schönen Flamingos von meiner Mutter nur eins haben", sagte die kleine Prinzessin gerade. Jetzt wollte der König wirklich widersprechen, aber die Waldfrau fragte:

„Hast du schon einmal lebendige Flamingos gesehen?"

„Nein", sagte die Prinzessin. „Nur die auf dem Bild."

Da bat die Waldfrau den König, mit seiner Tochter hinunter an den Fluß zu gehen. „Dort im Brackwasser gibt es viele Flamingos", sagte sie. „Schaut sie euch an. Dann kommt und erzählt mir, was ihr gesehen habt."

Die kleine Prinzessin war begeistert. Nach anfänglichem Befremden fand auch der König Gefallen an dieser ungewöhnlichen Tätigkeit. Erst nach Stunden kamen die beiden zurück, die seidenen Kleider bis zu den Knien voll Schlamm.

„Stell' dir vor", rief die Prinzessin schon von weitem. „Flamingos haben gar nicht nur ein Bein. Sie haben zwei. Eines verstecken sie im Gefieder, meist wenn sie schlafen, die Schlingel, damit ihnen nicht *beide* Füße kalt werden. Aber am Tage stapfen sie herum, und mit ihren krummen Schnäbeln sieben sie das Wasser durch. Sie fressen die kleinen Wassertiere, die im Schnabelsieb hängenbleiben. Gescheit, nicht? Sie sind auch nicht alle rosa", fuhr sie fort. „Einige sind auch rot oder weiß und ein bißchen schwärzlich. Ach, es ist herrlich am Fluß. Nicht wahr, Papa?"

Der König lachte vergnügt, bedankte sich bei der weisen Frau, belohnte sie fürstlich und fuhr zurück ins Schloß.

„Was hat die Alte gesagt? Was verboten, was befohlen? Welche Ratschläge, welche Medizin?" fragten aufgeregt die Minister.

„Gar keine", antwortete der König und ritt von nun an jede Woche mit seiner Tochter über Land. Er lehrte sie fischen und jagen, reiten und regieren. So hatte die Prinzessin zwar immer roch keine Mutter, aber wenigstens einen Vater, der ihr die Welt erklärte und der sie liebte. Da warf sie allen rosa Plunder weg und riß keinem Teddy mehr ein Bein aus.

Nur den rosa Flamingomorgenrock, den behielt sie. Und wenn sie jemandem das Bild mit den einbeinigen Flamingos zeigte, dann sagte sie immer: „Merkt euch das. Die Welt ist ganz, ganz anders, als man glaubt."

Sag mal, träum ich?

Diese Frage könnte mehrere Bedeutungen haben. Sie könnte heißen: Wenn ich mich morgens an nichts erinnere, woher weiß ich dann, ob ich überhaupt geträumt habe? Vielleicht habe ich ja wirklich nichts geträumt. Andererseits sagen ja diejenigen, die es wissen müssen, daß jeder Mensch jede Nacht etwas träumt. Ja, und warum weiß er es dann am Morgen nicht mehr? Du, zum Beispiel, weißt du, ob du heut Nacht geträumt hast?

Andererseits kann sich die Frage auch darauf beziehen, woran man, *wenn* man träumt, merkt, *daß* man träumt. Was bei besonders gelungenen und lebhaften Träumen in der Tat sehr schwer ist. Aber auch wenn man etwas sehr Ungewöhnliches erlebt, sagen wir mal, der Mond hängt plötzlich im Kirschbaum, oder ein Zebra steht auf dem Dach, oder Paul hat eine Eins im Rechnen, oder die Sofie gibt dem Peter einen Kuß, ja, da muß man doch denken, daß man träumt. Und wie ist dann wohl rauszukriegen, ob man nun träumt oder wirklich geküßt wird? Das ist hier die Frage.

Dies erinnert mich an den Traum vom Bären. Welchem Bären, werdet ihr fragen. Nun, es handelt sich da um einen seltenen Bären und einen Holzsammler, deren in einer alten Geschichte gedacht wird.

Dieser Holzsammler pflegte im Wald Holz und Reisig zu sammeln, zu bündeln und zu verkaufen. Eines Tages, wie er so durch den Wald streifte, kam er an eine Stelle, wo einige Knüppel schon wie gesammelt nebeneinander lagen. Als er die so beiseite schob, sah er darunter ein Grube. Und was glaubt ihr, wer da in der Grube saß?

Ein Bär. Ein junger Bär, nicht sehr groß, keinesfalls größer als der Holzsammler selbst. Aber was hatte er für ein schönes Fell! Einen Mantel würde das geben, wie ihn nur der Schultheiß trug. Und erst das fette Fleisch! Einen ganzen Winter könnte er seine Familie davon ernähren!

Der Holzsammler kam ins Schwärmen. Er schwitzte. Immer lebhafter und farbiger malte er sich den Reichtum aus, der mit dem Besitz des Bären in sein armseliges Leben Einzug halten würde, immer größer und verträumter wurden seine Augen, während seine Nase schon den angenehmen Bratenduft einsog. Ja, er machte sogar ein paar Tanzschritte, als er an das Fest mit Musik dachte, das er zur Feier seines Reichtums geben wollte. Da würden seine Dorfgenossen staunen. Auf die Schulter schlagen würden sie ihm, ihn Brüderchen nennen und wer weiß was. Und die Mädchen würden ihm Augen machen. Das dürfte sein Frauchen natürlich nicht bemerken. Aber schön wäre es schon. „Kommt", würde er sagen. „Kommt alle rein und labt euch an dem schönen, fetten Fleisch. Es geht einem ja nicht alle Tage ein Bär in die Falle." Nein, was würden sie ihn bewundern. Er mochte wohl ein gutes halbes Stündchen in die Grube geschaut haben, währenddessen der Bär ihn seinerseits anstarrte. Schließlich deckte der Holzsammler die Fallgrube wieder zu und macht sich eilig auf den Heimweg, um seine Frau und ein Seil zur Hilfe zu holen.

Wie er aber eine Weile gegangen war, wurde er unsicher. „Habe ich das alles nicht nur geträumt?" sprach er zu sich. „Und weiß ich überhaupt noch, wo die Bärenfalle ist? Links die drei Buchen, dann der Bach, der Felsvorsprung und dann zwischen den alten Kastanienbäumen die Grube", versuchte er sich die Erinnerung einzuprägen. „Nein, nein, von so einem Pelzmantel habe ich schon mein Leben lang geträumt. Nun wird der Traum wohl wahr."

Diese Rede hörte ein Pilzesucher, der zufällig im Gebüsch kniete und dort nach Pfifferlingen Ausschau hielt. Der dachte: „Ich könnte ja mal nachprüfen, ob der Traum dieses Einfältigen ein Wahrtraum ist, und ob da wirklich eine Bärengrube zu finden wäre." Kaum war der andere seinen Blicken entschwunden, ging er auch schon den Weg zurück, den der Holzsammler gekommen war, vorbei an den drei Buchen, dem Bach, dem Felsvorsprung und bis zu den alten Kastanien. Und tatsächlich, da saß in einer Fallgrube ein Bär.

War das nun ein echter oder ein geträumter? Der Pilzesucher wollte auch dieses prüfen und stocherte mit einem dicken Ast in die Grube. Und hast du nicht gesehen, war der Bär daran hochgeklettert und zwischen den Bäumen verschwunden. Der Pilzesucher schaute noch eine Weile in die leere Grube. „Habe ich das nun alles nur geträumt?" fragte er sich.

Unterdessen wartete die Frau des Holzsammlers, daß ihr Mann zum Essen käme. Schließlich schaute sie vor die Tür, und was sah sie da? Ein Bär kam den Gartenweg entlang.

„Soll das wieder einer deiner dummen Späße sein? Erst zu spät kommen und dann mir Angst einjagen", schimpfte sie. „Wenn du dich unbedingt als Bär verkleiden mußt, dann iß deine Suppe draußen! Und sie stellte ihm den Suppennapf vor die Tür.

Als sie wieder in die Küche ging, kam ihr das aber komisch vor. Sie kehrte um, sah nach und fand nur noch den Suppennapf. Er war allerdings leer. Gerade da kam ihr Mann zum Gartentor herein, und sie rief:

„Stell' dir vor, jetzt hab' ich doch gerade geträumt, du hättest dich als Bär verkleidet und meine Suppe gegessen, Schau, die ist aber wirklich weg."

„Aber Frau", sagte der Holzsammler. „Ist bei dir noch alles in Ordnung?"

Sie aßen gemeinsam den Rest der Suppe, und dabei erzählte der Holzsammler seiner Frau, daß er einen Bären im Wald in einer Fallgrube gefunden habe, aber nicht wisse, ob er das alles nur geträumt habe.

„Lieber Mann", sagte die Frau, „ist bei dir noch alles in Ordnung?"

Danach gingen die beiden in den Wald, um nach dem Bären zu sehen. Sie fanden auch richtig die drei Buchen, den Bach, den Felsvorsprung und die Grube zwischen den großen Kastanien. Aber da saß kein Bär drin, sondern der Pilzesucher, der vor lauter Nachdenken hineingefallen war.

„Was tust du in meiner Grube?" fragte der Holzsammler.

„Ich wollte meinen Bären holen, aber er ist mir fortgelaufen", sagte der Pilzesucher.

„Was heißt dein Bär?" fragte der Holzsammler. „Ich habe ihn doch zuerst gefunden."

„Ja, im Traum", sagte der Pilzesucher. „Aber ich habe deinen Traum gehört und bin hierhergekommen, um den Bären wirklich zu holen."

„Unmöglich", rief der Holzsammler. „Sollte ich das alles nur geträumt haben, so bist du in meinen Traum gestiegen, und die Grube und der Bär, ja du selbst gehörst mir."

Ehe der verblüffte Pilzesucher darauf antworten konnte, sagte die Frau:

„Aber nun gehört der Bär mir. Er kam zu mir in meinen Traum und hat meine Suppe gegessen."

„Muß man nicht auch bedenken", sagte jetzt der Pilzesucher, „daß der Bär möglicherweise geträumt hat, er sei der Holzsammler und ging nun nach Hause, wo seine liebe Frau ihm schon die Suppe gekocht hat?"

Dem Holzsammler schwirrte der Kopf. Er half erst mal dem Pilzesucher aus der Fallgrube heraus, was ziemlich merkwürdig aussah, und die Frau sagte:

„Seid ihr sicher, daß wir das alles hier nicht nur träumen? Ich meine, ein Bär ist etwas sehr Seltenes, hier in unserer Gegend."

Der Pilzesucher dachte angestrengt nach.

„Heißt das dann, daß du uns träumst oder daß ich euch träume?" fragte er.

„Vielleicht können ja Leute in Träumen ihrerseits wiederum träumen", sagte die Frau und sah den Pilzesucher liebevoll an. „Kann dann mal jemand den Bär wieder herträumen", unterbrach sie der Holzsammler. „Um den geht es ja schließlich."

„Nicht, bevor die Besitzverhältnisse geklärt sind", antwortete der Pilzesucher, womit sie wieder am Anfang ihres Gesprächs angelangt waren.

„Das kriegen wir allein nicht klar", meinte die Frau nun und schlug vor, den Dorfältesten um Rat zu fragen.

Somit gingen alle drei zum Dorf zurück. Am Waldrand wartete der Bär und schloß sich ihnen an. Der Dorfälteste begrüßte sie sehr freundlich. Er war wirklich schon sehr alt und wunderte sich darum kein bißchen über den späten Besuch der merkwürdigen Gesellschaft. Er bat sie, Platz zu nehmen, gab ihnen frisches Quellwasser zu trinken und fragte nach ihrem Anliegen. Der Bär legte sich nieder. Der Dorfälteste stellte seine Füße, die altershalber immer ein wenig kalt waren, auf sein warmes Zottelfell. Geduldig hörte er sich dann die lange und verworrene Traumgeschichte an, von den drei Buchen, dem Bach, dem Felsvorsprung, der Grube zwischen den Kastanienbäumen und dem Hin und Her mit dem Bären, der seinerseits, könnte er nur sprechen, ja auch etwas zu den Ausführungen des Holzsammlers, seiner Frau und des Pilzesuchers zu sagen haben mochte.

Als alle endlich innehielten, um nun die Traumdeutung des Dorfältesten anzuhören, hatte dieser lächelnd die Augen geschlossen, und sein Kopf war tief auf die Stuhllehne gesunken.

„Er schläft", sagte der Holzsammler leise.

„Er träumt", sagte seine Frau.

Auch Große
waren mal klein

Das Geheimnis

In der Nähe von Saarfels steht eine alte Ulme am Ufer. Und gleich dahinter ein altes Haus, eine kleine Villa, wie man so sagt. Dort hängt ein altes Lied in der Luft:

Wie ist doch die Erde so schön, so schön,
Das wissen die Vögelein,
Sie haben ein buntes Gefieder,
Und singen so fröhliche Lieder,
In den blauen Himmel hinein, hinein,
In den blauen Himmel hinein.

Tante Clara hatte eine dünne Altfräuleinstimme, mit der sie so gerne fröhliche Lieder sang. Ihre Locken, die einmal blond gewesen waren, standen wohlfrisiert um ihr rosiges Gesicht, wie Schlagsahne um eine Pfirsichtorte. Tante Clara trug gerne leichte, helle Kleider, ein wenig zu rosa, ein wenig zu gerüscht, ein wenig zu jugendlich. Tante Clara war immer ein wenig zu lieb, ein wenig zu fröhlich. Aber sie wirkte wie ein getrockneter Rosenstrauß, der noch immer den Duft und die Schönheit des vergangenen Sommers ausstrahlt.

Ruth kam gerne zu Besuch, denn in der Wohnung der Tante gab es tausend hübsche, kleine und große Kostbarkeiten, und zu jedem Gegenstand wußte Tante Clara eine Geschichte zu erzählen. In diesem Haus an der Saar war Tante Clara geboren, ebenso wie Ruths Mutter. Aber Tante Clara hatte ihr ganzes Leben hier verbracht.

„Wolltest du denn nie heiraten, Tante Clara?" hatte Ruth einmal gefragt. „Was du für Geschichten weißt! Da hätten es deine Kinder doch gut bei dir gehabt!"

Tante Clara schaute verträumt auf die Saar hinaus.

„Ach, weißt du, ich hab eben keinen abbekommen", sagte sie nach einer Weile. „Damals war ja Krieg."

„Bist du denn nie in die Disco gegangen? Oder mal mit 'nem tollen Typen am Wochenende weggefahren?"

Tante Clara mußte lachen. „Sowas gab's doch damals gar nicht", sagte sie und warf dem Portrait ihres gestrengen Vaters einen schnellen Blick zu.

„Damals hat man nur für den einen oder anderen heimlich geschwärmt."

„Und? Hast du geschwärmt?"

Tante Clara wurde erstaunlicherweise ein wenig rot.

„Na ja...", fing sie an und stand auf. „Jetzt ist es aber wirklich Zeit, daß wir mit dem Aufräumen anfangen."

Zu Hause hatte Ruth nie die geringste Lust, aufzuräumen oder sauberzumachen. Aber bei Tante Clara war das etwas ganz anderes. Hier gab es einen altmodischen Staubwedel aus Federn. Und die Teppiche wurden nicht mit dem Staubsauger gereinigt, sondern unter viel Gelächter in den Garten geschleppt, auf eine Teppichstange gehängt und mit einem Teppichklopfer ausgeklopft.

90

Die Möbel rieb Tante Clara mit Bienenwachs ein, dunkle Mäntel bürstete sie mit schwarzem Kaffee aus, und Silber putzte sie mit Schlämmkreide. Dazu redete sie fast ununterbrochen, denn zu jedem Ding, das sie in die Hand nahm, fiel ihr – wie gesagt – eine Geschichte ein.

„Diese beiden Leuchter hier stammen aus den Napoleonischen Kriegen", sagte Tante Clara und gab Ruth einen zum Putzen. „Bevor die Franzosen kamen, vergruben und versteckten die Leute hier ihre Kostbarkeiten. Meine Urgroßmutter war noch ein Kind, und sie wollte auch etwas vergraben. So vergrub sie diese beiden Silberleuchter in ihrem Blumenbeet und pflanzte Stiefmütterchen darauf. Die Franzosen kamen und fanden natürlich alles, so als ob sie einen Riecher dafür gehabt hätten, wo Menschen ihre Sachen verstecken. Nur die beiden kleinen Leuchter unter den Stiefmütterchen, die fanden sie nicht. Und so sind sie das Älteste, was es an Silberzeug in unserer Familie gibt."

„Licht im Herzen, Licht im Zimmer. Steht auf meinem hier", sagte Ruth.

„Und auf diesem steht: Dunkle Stunden scheue nimmer."

„Hast du nie dunkle Stunden gehabt?" fragte Ruth.

Tante Clara fing gerade an, das Ölbild ihres Vaters abzustauben. Es hing über dem Schreibtisch und zeigte einen schnauzbärtigen Herrn in preußischer Offiziersuniform. Plötzlich riß die alte Schnur, an der das Bild aufgehängt war, und es knallte auf das Schreibpult. Im gleichen Augenblick sprang ein Geheimfach auf, das sich in dessen Seitenwand befunden hatte. Tante Clara war so mit dem Putzen beschäftigt, daß sie es zuerst gar nicht bemerkte.

„Entschuldige Papa, aber hinter dir haben sich ziemlich viele Spinnweben angesammelt", sagte sie und holte den Staubwedel aus Federn. „Wenn es etwas gab, das Papa nicht leiden konnte, dann war es Schmutz und Unordnung."

Aber Ruth hatte sich schon dem Geheimfach zugewandt.

„Du, Tante Clara", rief sie. „Da ist ein Brief an dich. Der ist, der ist ja 50 Jahre alt. Man sieht es am Poststempel. Und es klebt eine französische Marke darauf."

Tante Clara nahm den Brief in die Hand und wurde kreideweiß. Sie mußte sich setzen. Der Brief war ungeöffnet.

„Lies ihn mir vor", flüsterte sie.

Ruth nahm den Brief und las:

„Liebste Mademoiselle Clara!

Obwohl dies ein Abschiedsbrief ist, so ist er doch auch ein Anfang. Ich habe mich nie getraut, Ihnen zu sagen, wie sehr ich Sie liebe. Ich tue es jetzt und hoffe von Herzen, ja, ich bin mir sicher, daß Sie meine Liebe erwidern. Bitte schreiben Sie mir, denn ich muß in diesen schrecklichen Krieg ziehen, der uns trennt. Aber so Gott will, komme ich sehr bald wieder. Und dann werde ich um Ihre Hand anhalten.

In ewiger Liebe, Ihr ergebener Yves.

P.S. An unserem Treffpunkt liegt ein kleines Geschenk.

Lange war es still. Dann fragte Ruth:

„Hast du nichts davon gewußt, Tante Clara?"

Tante Clara schüttelte den Kopf. Sie schien die Sprache verloren zu haben.

„Das ist ja so aufregend wie in einem Liebesroman", rief Ruth und sprang auf. „Weißt du denn noch, wo euer Treffpunkt war?"

Diesmal nickte Tante Clara. Sie stand auf, und Hand in Hand gingen das alte und das junge Mädchen den Uferweg entlang, bis sie zu der großen Ulme kamen. Aber wie konnte hier nach 50

Jahren noch ein Geschenk sein? Ruth schaute sich den Baum genauer an. Sie fand ein eingeritztes Herz, ganz verwachsen. Aber man konnte noch gut die Buchstaben C und Y erkennen. Clara und Yves.

Daneben befand sich ein Astloch. Ruth steckte ihre Hand hinein und zog sie erschrocken wieder zurück. Ein Specht flatterte an ihnen vorbei ins Freie. Tante Clara wollte schon umkehren, aber Ruth gab nicht so schnell auf. Vorsichtig zog sie unter dem Nest des Vogels eine flache Blechschachtel hervor, wie sie früher für Zigaretten benutzt wurden. Mit zitternden Händen öffnete Tante Clara die Schachtel. Ein kleines Goldmedaillon war darin, mit einem Foto auf der einen und einer Locke auf der anderen Seite.

„Der sieht ja super aus", sagte Ruth und betrachtete eingehend das Foto des schönen jungen Mannes.

Tante Clara sagte nichts. Ihr ganzes Leben lang hatte sie so viel geredet, um nicht weinen zu müssen. Jetzt weinte sie.

Dann saßen sie eine Weile am Ufer der Saar und schauten dem Fließen des Wassers zu. Vielleicht dachte Tante Clara daran, wie anders ihr Leben verflossen wäre, wenn..."

„Wirst du den Yves jetzt suchen?" fragte Ruth.

Tante Clara schüttelte wieder den Kopf.

„Nicht in diesem Leben. Das ist vorbei. Aber", und dabei lächelte sie schon wieder ihr ältestes Rosenstrauß-Lächeln, „ganz bestimmt im nächsten Leben!"

Das Bild ihres strengen Vaters hängte Tante Clara nie wieder auf. Sie stellte es auf den Dachboden in eine Ecke, Gesicht zur Wand. Das Medaillon schenkte sie ihrer Lieblingsnichte Ruth. Später vererbte sie ihr auch das Haus an der Saar mit der Bitte, es eines Tages mit Kindergeschrei und Kindergetrappel zu füllen.

Großmutters Bett

Zeiten kommen und gehen, aber alte Großmütter bleiben sich ziemlich gleich. Es riecht bei ihnen immer ein bißchen muffig, ein bißchen nach Kamille und Lavendel. –

Früher kam noch der Geruch von Mottenkugeln dazu, der einem aus den geheimnisvoll geordneten Schränken entgegenquoll.

Großmütter schlafen zu ungewöhnlichen Zeiten, meist halb im Bett sitzend, mit Bettjäckchen und Bettschuhen. Früher hatten sie viele Kissen und unterm Fußende Ziegelsteine, für die Schräglage der Beine. Heute haben sie ein elektrisch verstellbares Bett.

Jedenfalls hatte die Großmutter aus Feuerbach ein solches. Die Enkel fanden das Wahnsinn. Und als sie einmal allein zu Besuch waren und Großmutter gerade Brezeln einkaufte, spielten sie mit dem Bett Berg- und Talbahn. Einer bediente die Schaltung, und los gings, hoppeldihopp, rauf und runter. Ein Bett voller Kinder. Ein Bett, das einen Buckel machte, einen Steilhang, eine Mulde, ein Hochplateau. Es war zum Kreischen schön.

Nur leider war das Bett auf diese Zweckentfremdung nicht vorbereitet. Gerade als Großmutter wieder zur Tür hereinkam, gab es mit einem müden Knacks seine Mechanik und seinen Geist auf. Der Jubel verstummte. Großmutter weinte. Nun hatte sie Tausende umsonst gespart und in die Matratze gesteckt. Aber plötzlich – die Enkel trauten ihren Augen nicht – fing Großmutter zu lachen an. Etwas mußte ihr eingefallen sein, etwas sehr Frühgeschichtliches, denn während sie so lachte, daß ihr die Tränen über die Backen liefen, sah sie aus wie ein kleines Mädchen. Jetzt lachten die Enkelkinder auch, obwohl sie nicht wußten, warum.

94

Gerade da kam nun der Vater der Kinder herein. Als er erfuhr, daß hier so gelacht wurde, weil gerade Großmutters teures Bett kaputt gegangen war, setzte er sich nieder und versuchte, erst einmal gar kein Gesicht zu machen.

Jetzt hatte Großmutter sich etwas beruhigt und sagte, sie habe plötzlich an einen Streich denken müssen, den sie ihrer Großmutter einmal gespielt habe, aber den – nein, den könne sie wirklich nicht erzählen. Natürlich ließen nun die Enkelkinder nicht locker.

„Es hat etwas mit einem Nachttopf zu tun“, gestand Großmutter. „Früher, als das Klo noch draußen vor der Wohnung war, hat man immer einen Nachttopf unterm Bett oder im Nachtschränkchen gehabt.“ - „Ja, und?“ Jetzt waren die Enkel erst recht neugierig.

„Na, da hab ich, hab ich doch meiner Oma einmal Brausepulver in den Nachttopf geschüttet. Und als sie, also, als sie da reingepieselt hat, da hat das furchtbar geschäumt. Meine Oma hat sich mächtig erschrocken und hat alle aufgeweckt. Der Doktor mußte gerufen werden, mitten in der Nacht. Und dann ist leider alles ans Licht gekommen, und ich hab Schläge gekriegt.“

Jetzt lachte Großmutter nicht mehr. Der jüngste Enkel kletterte ihr auf den Schoß. „Großmutter, nicht traurig sein. Heute wird ja nicht mehr geschlagen. Heute reden wir miteinander, gell?“ Und er streichelte das altgewordene Kind.

Vater, der der Sohn von Großmutter war, sah sich unterdessen die zerbrochene Bettstatt an, überlegte, wie man sie reparieren könnte und fand, daß wieder einmal die ganze Last der Welt auf seinen männlichen Schultern ruhe.

Der Tintenzopf

Damals, als ich zur Schule kam, gab es eine kleine Dorfschule. Alle vier Klassen saßen in einem Raum, Tische und Stühle, so wie heute, hat es aber in der Schule nicht gegeben, sondern Schulbänke. Die waren Tisch und Stühle in einem, immer für zwei Kinder, und vorne im Tisch, man kann auch Pult dazu sagen, waren die Tintenfässer eingebaut. Jawohl. Der Schuldiener ging von Zeit zu Zeit durch die Klassen und füllte die Tintenfässer nach.

Von der dritten Klasse an mußten die Kinder mit Federhalter und Tinte in ihre Hefte schreiben. Das war ein Gekleckse, kann ich euch sagen. Aber Kulis und Füller gab es damals noch nicht. Dafür viel Löschpapier und Tintenwischer.

In der vierten Klasse hat einmal der Erwin hinter der Luise gesessen. Der Erwin hat die Luise sehr gemocht. Aber nur ganz heimlich. Damals haben Buben und Mädchen nämlich nicht miteinander gespielt und auch nicht nebeneinander gesessen. Der Erwin hat immer den langen blonden Zopf von der Luise vor sich gesehen. Der ist immer so hin und her gehüpft, wenn die Luise geschwätzt hat. Und sie hat viel geschwätzt. Das hat den Erwin ganz wirr gemacht.

Einmal, weiß der Himmel, warum, hat der Erwin das Zopfende genommen und in sein Tintenfaß gesteckt, mitten in der Rechenstunde. Die Luise hat zuerst nur das Zupfen bemerkt und gedacht, der Erwin will ihr was sagen. Sie hat sich umgedreht, und dabei ist der Tintenzopf ihrer Nebensitzerin an den Kopf geflogen. „IIIII-gitt!" hat die geschrien.

Da hat die Luise erst gemerkt, was passiert war und hat so eine Wut gekriegt, daß sie dem Erwin mit dem Tintenzopf rechts und links eine runtergehauen hat. Da hat der Erwin auch geschrien. Und dann der Lehrer. Der hat am allerlautesten geschrien, denn er mußte ja die anderen übertönen. Alle Buben haben laut gelacht, und alle Mädchen haben laut geschimpft.

Am Ende mußten der Erwin und die Luise nachsitzen, und ich weiß nicht wie oft in ihr Heft schreiben: „Ich habe mich in der Rechenstunde anständig zu betragen." Anständig mit „g" am Ende und nicht mit „ch", versteht sich.

Dem Erwin hat das nichts ausgemacht. Aber die Luise war wütend, denn sie fand das ungerecht. Erwin war doch schuld, sie nicht. Und nun sollte sie auch noch mit diesem blöden Erwin eine ganze Stunde lang zusammensein! Verbissen schrieb sie Satz um Satz in ihr Heft und würdigte den Erwin keines Blickes.

Aber nach dem zehnten Satz mußte sie doch mal aufschauen, und da sah sie genau auf Erwins blaue Backen. Eine blaue Linie hatte das Zopfende auch auf seiner Nase hinterlassen. Tinte geht eben sehr schwer wieder weg.

Da mußte Luise plötzlich furchtbar lachen. Zuerst war der Erwin ganz verdutzt. Aber dann lachte er auch. Sie lachten und lachten und konnten gar nicht mehr aufhören.

Nach sechzig Jahren noch, wenn die Luise den Erwin angesehen und gesagt hat: „Weißt du noch", haben sie wieder Tränen gelacht. Und der Erwin hat gesagt: „Kindheit, das ist halt was Schönes."

Mut muß man lernen

Frieden führen

Ellwangen ist eine schöne Stadt. Nicht groß, aber schön. Nicht sehr weit weg von Stuttgart. Aber das wißt ihr ja. Was ihr aber nicht wißt und was ich weiß, ist die Geschichte von der Frieda und der Paula von Ellwangen. Die haben die Menschen heute fast vergessen. Aber ich will sie euch jetzt erzählen.

Das war nämlich so: Als der Weltkrieg zu Ende ging, wurden viele Städte zerstört. Auch vor Ellwangen stand der Feind und baute seine Geschütze auf. Die Frieda, die gerade ihre Wäsche aufhängte, sah das und sagte zu der Paula: „Jetzt guck auch da hin. Wollen die am Ende noch unsere Stadt beschießen? Jetzt, wo der Krieg aus ist? Ja, das hat doch alles keinen Wert mehr." Und die Paula sagte:

„Der Bürgermeister sollte halt die Schlüssel rausrücken und denen sagen: ‚Schießt nicht, wir schießen auch nicht!'"

Weil aber die Frieda und die Paula nicht sicher waren, ob die Männer von Ellwangen selbst auf die Idee kämen, ließen sie ihre Wäsche hängen und gingen aufs Rathaus. Tatsächlich trafen sie da alle Männer beisammen, die aufgeregt beratschlagten, was denn nun zu tun sei. Wie sie die Stadt verteidigen könnten, wieviel Munition sie hätten, und von welcher Seite der Feind angreifen würde.

„Ihr seid doch wirklich dümmer als Gott erlaubt", rief die

98

Frieda. „Jetzt nützt eure Köpfe doch auch einmal zum Denken. Was meint ihr denn, wie lange es dauert, bis der Feind mit seinen schweren Geschützen die ganze Stadt zusammengeschossen hat?" Und die Paula sagte:

„Jetzt geht doch raus und ergebt euch, ehe es zu spät ist."

„Schwätzt doch nicht", raunzten die Männer. „Davon versteht ihr Weiber doch nichts. Geht wieder zu eurer Wäsche. Und überhaupt. Wer sollte denn gehen? Das ist viel zu gefährlich."

„Heilig's Blechle, Blitz und Donnerschlag, ihr Schwätzer", schrie da die Frieda. Und die Paula sagte:

„Ja merkt ihr denn nicht, daß eh' unser letztes Stündchen geschlagen hat?"

Unterdessen hatte die Frieda das weiße Tischtusch vom Rathaustisch genommen, in zwei Teile gerissen, der Paula einen Teil gegeben, und sagte nun: „Wenn keiner von den Mannsleuten gehen will, Herr Bürgermeister, dann schicken Sie uns mit der weißen Fahne zum Feind, damit der weiß, daß wir Frieden wollen und daß hier keiner mehr schießt."

Da waren alle starr vor Erstaunen. Aber die Frieda und die Paula hatten die weißen Tücher schon an Besenstiele gebunden, nahmen vom Bürgermeister Nachricht und Schlüsselbund mit und machten sich auf den Weg.

Als sie so auf die feindlichen Geschütze zugingen, fühlten sie, wie die Angst ihnen die Beine hochkroch. Aber sie dachten an das Leben der Kinder in der Stadt Ellwangen und an das Leben der Frauen und Männer, auch der feindlichen Männer. So schwenkten sie mutig ihre Friedensfahnen, bis sie schließlich von Soldaten umringt, festgenommen und vor den Befehlshaber geführt wurden. Der wollte ihnen erst nicht glauben, tat es dann aber doch.

Frieda und Paula mußten vorangehen, und so führten sie den

amerikanischen Feind, der später zum Freund wurde, in die Stadt, ohne daß ein einziger Schuß fiel. Kein einziger Mensch wurde getötet, kein Haus zerstört. Frauen und Kinder umarmten und küßten unter Tränen die tapferen Mädchen, backten ihnen Butterkuchen, nähten ihnen Schürzen oder schenkten ihnen große Blumensträuße.

Aber Frieda und Paula haben nie ein Heldendenkmal bekommen. Ihre Geschichte erzählen nur die Blumenwiesen.

Die Männer blieben eigenartig still. Sie schämten sich, daß nur zwei junge Frauen manns genug gewesen waren, im rechten Augenblick „Frieden zu führen".

Drei Schwestern und der Bärenhäuter

Der Dnjepr ist ein großer, breiter Fluß. Tausende von Kilometern zieht er dahin, von Nordrußland bis runter ins Schwarze Meer. Auf ihm fährt langsam ein Schiff nach Süden, mit Lasten und vielen armen Leuten. Die Menschen dösen vor sich hin. Der Fluß wiegt sie in Schlummer.

„Ist das ein Bärenhäuter?" fragt ein Kind. Der Dnjepr blinzelt über die Reeling und sieht unter den Leuten einen wilden Mann, behaart und zerlumpt und vor Dreck starrend. Ja, er sieht wie ein Bär aus in seinem zerzausten Winterpelz, der mit dem verfilzten Bart verwachsen zu sein scheint. Niemand beachtet ihn sonderlich. Er ist eben nur noch etwas ärmer als die anderen.

Nur das Kind will es wissen. Und Ludka, die Mutter murmelt: „Ja,ja. Jetzt ist die Zeit der Bärenhäuter." Sie will kein Aufsehen erregen. Aber schon fragt jemand, was das Mädchen damit meine. Wie es so ist, kennt einer das alte Märchen. Er erzählt, daß der Bärenhäuter sich drei Jahre lang nicht hat waschen oder kämmen dürfen. Ein Gelübde hatte er getan. Wenn er es hielt, wurde er steinreich. Anderenfalls holte ihn der Teufel. Außer er fand eine, die ihn heiraten wollte, dreckig und garstig wie er war.

„Heutzutage braucht es keine Gelübde, um zerlumpt zu sein", murmelt die Mutter. „Und der Teufel holt unsereins sowieso."

Der Bärenhäuter hat die Augen halb geschlossen. Niemand weiß, ob er überhaupt zuhört.

Am nächsten Anlegesteg stehen Soldaten. Die Mutter drückt den Bärenhäuter zu Boden, setzt sich auf ihn, breitet ihren großen, bunten Rock über ihn und nimmt ihr Kind auf den Schoß. Die Soldaten gehen durch die Reihen der Fahrgäste, durch

Kisten, Kasten und Körbe. Sie suchen jemanden, aber sie finden nichts. So kehren sie zurück zum Ufer. Das Schiff fährt weiter.

„Es stinkt so", sagt das Kind. Die Mutter lacht und setzt sich wieder abseits vom Bärenhäuter. Der lächelt ihr dankbar nach. Man sieht es nur an seinen Augen. Niemand verliert ein Wort darüber. Armut kann sein wie ein schützendes Dickicht.

Als das Schiff das Schwarze Meer erreicht, wird die Fracht entladen. Die Menschen steigen aus. Der Bärenhäuter, der keine Stiefel trägt, sondern Fußlappen, geht eine halbe Stunde nach Westen. Dann bricht er zusammen.

Als Mascha in der Abenddämmerung nach Hause kommt, sieht sie einen Bären auf ihrer Schwelle liegen. Sie erschrickt fürchterlich. Sie rennt ums Haus herum, klettert durchs Fenster.

„Ein Bär liegt vor unserer Tür", flüstert sie aufgeregt ihren Schwestern zu. Wanda und Ludka rennen zum Guckloch. Auch das Kind rennt mit. Nachdem sie alle das reglose Fellbündel in Augenschein genommen haben, sagt das Kind:

„Das ist gar kein Bär. Das ist der Bärenhäuter vom Schiff. Ich erkenn' ihn an seinen Fußlappen."

Ludka erklärt ihren Schwestern, was ihr Kind damit meint. Gemeinsam ziehen sie den Bärenhäuter ins Haus. Dabei müssen sie sich mit einer Hand die Nase zuhalten, so sehr stinkt er.

„Wir legen ihn am besten in den Hof", sagt Mascha.

„Nein", sagt Wanda, „in die Waschküche."

Ludka macht Feuer unterm Waschkessel. Sie legen den Bärenhäuter nahe ans Feuer. Er stöhnt leise. Wanda flößt ihm heißen Tee ein, löffelweise. Er schluckt im Schlaf.

„Wir wissen überhaupt nicht, wer das ist", sagt Mascha ängstlich. Alle sehen eine Weile auf den verwahrlosten Mann. Dann sagt Wanda:

„Er ist ein entlaufener Kriegsgefangener. Ich habe beim Reintragen seine Erkennungsmarke gesehen." Wieder schweigen alle lange.

„Was ist denn ein Kriegsgefangener?" fragt das Kind.

„Wir müssen ihn fortschicken, solange es noch dunkel ist", sagt Mascha.

„Aber eine warme Mahlzeit müssen wir ihm schon vorher geben", sagt Wanda. „Sonst stirbt er uns noch auf dem Feld hinter dem Haus."

„Er bleibt!" sagt Ludka. „Los, helft mir ihn auszuziehen und zu waschen. Mascha, du holst die Kleider von unserem Bruder."

Aber Mascha rührt sich nicht.

„Hast du kein Herz?" fragt Ludka. „Möchtest du nicht auch, daß unser Bruder im Feindesland drei Schwestern findet, die ihm helfen?"

Aber das ist für Mascha tausend Kilometer zu weit weg, um es zu begreifen. Wütend und wortlos geht sie hinaus.

Ludka und Wanda schälen den bewußtlosen Bärenhäuter aus seinen Lumpen, waschen und rasieren ihn, schneiden ihm die Haare und Nägel, ziehen ihm ein frisches Hemd an und werfen die alten Kleider ins Feuer. Auch die Erkennungsmarke. Dann betten sie ihn auf die Ofenbank.

Jetzt sieht er wie ein Engel aus, blond, blaß und schön. „Willst du ihn heiraten, oder soll ich?" fragt Ludka. Und Wanda meint, für Ludka wäre es besser, denn dann bekäme das Kind auch gleich einen Vater. Noch in der Nacht wird der Priester geholt. Weil sie den Namen des Fremden nicht wissen, nennen sie ihn Boris Bärenhäuter. Der Priester nimmt das Fiebergemurmel für ein „Ja" zur Vermählung. Das trägt er ins Kirchenbuch ein. Ludka nimmt die alten Eheringe der Eltern aus der Schublade.

Am nächsten Tag kommt die Miliz, geführt von Mascha, die vom nächtlichen Treiben nichts weiß. Sie hat es für das Sicherste gehalten, selbst Anzeige zu erstatten.

„Wo ist der Kriegsgefangene?" fragt ein Milizionär barsch. „Was denn für ein Kriegsgefangener?" Wanda tut sehr erstaunt. Bereitwillig öffnet sie der Miliz die Tür ins Zimmer.

Dort liegt ein engelhaft schöner, junger Mann, mit fieberheißen Wangen, auf der Ofenbank. An seiner Hand glänzt der gleiche Ring wie an Ludkas Finger.

„Papa, werd doch wieder gesund", sagt das Kind und streichelt seine Füße.

„Soll er das sein?" fragt ein Milizionär ungläubig.

„Nein, nein", stottert Mascha und ist völlig verwirrt. Weil auch sonst nichts im Haus auf die Anwesenheit eines Flüchtlings hinweist, und man sich von Kranken ja besser fernhielt, zieht die Miliz wieder ab.

Mascha bleibt wie versteinert an der Tür stehen. „Wie ist es nur möglich, daß ich dem Bösen immer mehr zutraue als dem Guten", denkt sie. „Einmal sollte ich doch begreifen, daß Angst nirgendwohin führt." Aber dennoch hat sie Angst und schämt sich dafür. Was soll sie nur tun?

Wanda bringt einen Topf Suppe herein. „Kommt essen", ruft sie. „Noch reicht es für alle." Und während sie ausschöpft, sagt sie: „Wie gut, daß uns Schwestern niemand trennen kann. Wir sind wie ein großer, breiter Fluß."

Ein Schutzengel für Joshua

Die Daugava schlängelt sich durch Rußland und Lettland, bis sie, dick und alt geworden, bei Riga und Jurmala ins baltische Meer fließt. Viele Brücken spannte die Stadt Riga über diesen Fluß. Und von einer dieser Brücken will ich etwas erzählen, aus der Zeit des großen Krieges. Und von welcher Brücke? Da mußt du dich niederknien und dein Ohr auf die Brücke legen. Wenn du Kinderschritte hörst, vier kleine Füße, leise, wie der Pulsschlag eines Vogels, dann ist es die Brücke, die ich meine.

Auf der Ostseite des Flusses lebten früher die Reichen, westlich die Armen. Für Erwachsene hat so etwas Bedeutung, für Kinder nicht. Aniella mit den blonden Zöpfen zum Beispiel langweilte sich in ihrem prächtigen Garten. Sie schlich eines Tages davon. Auf die Brücke ging sie, um den Schiffen zuzuschauen. Joshua, von der anderen Seite, kam auch. Hatte keine Schuhe an und konnte mit den Zehen eine Schleife binden. Unglaublich.

Aniella ging mit ihm auf die westliche Seite. Joshuas Wohnung war hundert Mal kleiner als ihre. In der Küche stand seine Mama, plättete, bügelte und sang: „Kinderjahre, süße Kinderjahre…“.

Sie gab den Kindern Mohnkringel.

„Geh, bring dem Großvater auch einen“, sagte sie. Die Kinder gingen die Stiege hinauf. In der kleinen Stube saß der Großvater.

„Großvater, erzähl uns eine Geschichte, eine lustige, bitte“, sagte Joshua.

„Hast heute deinen Schutzengel mitgebracht, Jungchen?“ fragte der Großvater.

Joshua lachte: „Ach, Großvater, das ist doch Aniella.“

105

„Na, siehst du, sie heißt auch noch so. Engel heißt sie. Und goldene Haare hat sie. Es ist ein Wunder."

„Was denn für'n Wunder?" fragte der Junge.

„Wirst schon sehen", sagte der Großvater.

„Zuerst werd ich erzählen die Geschicht: Zwei Vettern von mir sind ausgewandert, nach New York, weißt du, eine große Stadt in Amerika. Und einer von ihnen konnte Wunder vollbringen. Welcher? No, einer, der Gute. Und wie du auch weißt, ist uns verboten, Schweinefleisch zu essen. Und was sieht mein guter Vetter eines Tages? Er sieht, wie der andere drüben auf der anderen Straßenseite an der Bar Schweinswurst ißt.

,Daß doch das ganze Hochhaus über dem Sünder zusammenbreche und ihn unter sich begrabe', schreit er. ,Herr, laß mich zu deinen Ehren das Wunder vollbringen!'

Aber dann sagte er: ,Nein, wegen meinem dammlichen Vetter so viele andere sterben lassen? Das geht nicht. Das Haus darf nicht zusammenbrechen.'

Und was meint ihr? Er hat das Wunder vollbracht."

„Welches Wunder?" fragte Joshua.

„Na, das Hochhaus ist stehengeblieben."

Da lachten alle.

Aber der Großvater sagte: „Geh, Joshua, geh jetzt mit deinem Engel über die Brücke. Geh schnell, denn der Herr will wieder ein Wunder geschehen lassen."

„Es wird schon Abend", sagte die Mutter. „Soll man da die Kinder wegschicken?"

„Wann, wenn nicht abends, ist die Zeit, da der Schutzengel das Kind abholt?" sagte der Großvater.

„Geh, Joshua, bring Aniella nach Hause. Geht, Kinderchen, geht schnell. Geh, du Schutzengel mit den goldenen Haaren."

Und die Kinder nahmen sich bei der Hand und rannten über die Brücke. Für einen Moment hielt die Welt den Atem an. Es war nur das leise Pochen der Kinderschritte zu hören, wie der Pulsschlag eines verängstigten Vogels.

„Mach schnell", sagte Aniella. „Meine Mutter wird schon schimpfen."

Aber die Mutter schimpfte nicht. Sie nahm die Kinder ins Haus und lauschte auf ihre Geschichte.

„Schaut nicht zurück über die Brücke", sagte die. „Komm, Joshua, ich mach dir so goldene Haare, wie Aniella sie hat."

Und sie färbte ihm die Haare blond, nannte ihn Jannis und sagte, das sei der Sohn ihrer Schwester. Auf der westlichen Seite der Brücke stand die Stadt in Flammen.

„Jeder Mensch hat einen Schutzengel, der ihn führt in ein neues Leben", hatte der Großvater gesagt, „hier oder dort."

Die Daugava fließt weiter von den Bergen ins Meer und teilt die Stadt in Ost und West. Aber es gehen Brücken von West nach Ost.

Leben
mit anderen zusammen

Alles nur Könige?

Gar nicht weit weg von hier gab es mal ein kleines Königreich. Dieses Königreich brauchte einen neuen König, denn der alte lag im Sterben.

„Wer will nach mir König werden?" fragte der Alte. Und alle, alle riefen: „Ich, ich, ich."

„Aber wir brauchen doch nur einen, einen einzigen König. So gehört sich das. Wer von euch kann also am besten regieren?"

Und wieder riefen alle: „Ich, ich, ich."

„Heidekuckuck!" ereiferte sich der alte König. „So einigt euch doch. Ich hab nimmer lang zu leben."

„Wir sind uns einig", riefen da alle im Chor.

„Na also!" Der König seufzte erleichtert. „Warum nicht gleich so! Wer will also meine Krone?"

„Wir haben alle selbst unsere Kronen, euer Majestät", antworteten hundert Stimmen bescheiden.

Der alte König stutzte einen Moment. „Ach, macht doch, was ihr wollt!" rief er dann ärgerlich. „Ich geh jetzt!" Sprach's und starb.

So gab es nun in dem kleinen Königreich hundert Könige und kein Volk. Das heißt, es gab auch hundert Königinnen, versteht sich. Die lebten nun alle in Pracht und Herrlichkeit, aßen, tranken, tanzten und lachten und schliefen am Morgen bis in die Puppen.

Am dritten Tag allerdings gab es keine Milch mehr zum Kaffee, keine Schlagsahne zum Kuchen und kein Joghurt zum Frühstück. Die Kühe brüllten auf der Weide, weil sie ihre Milch nicht los wurden. Was tun? Zwei Könige erklärten sich bereit, die Kühe zu melken, und zwei Königinnen sahen sich in der Lage, Schlagsahne und Joghurt zuzubereiten.

„Milchkönige", spotteten die anderen. Aber ihnen fiel doch ein Stein vom Herzen.

Am vierten Tag gab es kein Brot mehr, keinen Kuchen und keine Hörnchen zum Frühstück. Zwei Königinnen wußten, wie man Streuselkuchen backt, und sie stellten ihre Männer zum Ofenheizen und Teigkneten an. Bald zog wieder der süße Duft von frisch Gebackenem durch das kleine Königreich.

„Kuchenköniginnen", spotteten die anderen, aber ihnen fielen gleich zwei Steine vom Herzen.

Am fünften Tag gab es kein Fleisch mehr. Die Könige gingen zwar gerne auf die Jagd, aber wer sollte den Braten, die Wurst und die Pasteten zubereiten? So machten sich zwei Königspaare daran, alte Rezeptbücher zu studieren und sich der Metzgerei zu widmen. Das waren die Wurstkönige, und sie hängten gleich ein entsprechendes Wappen vor ihre Tür.

Am sechsten Tag – das könnt ihr euch ja denken – gab es rein gar nichts mehr. Es war höchste Zeit, daß sich mal jemand des Gemüsegartens, der Fischerei und des Hühnerhofes annahm. Außerdem brauchte man Spitzenklöpplerinnen, Schneider, Schuster, Ärzte und Rechenlehrerinnen. So kam es, daß bald jede Königin und jeder König eine kleine Nebenbeschäftigung hatte, ein Hobby, das ihr Leben interessanter und gemeinnütziger machte.

Es gab sogar einen, der auf der Straße Kunststücke vorführte, Kopfstand und so. Das war der Bettelkönig, und er war sehr beliebt. Seine Frau war Sängerin und konnte mit ihren tragischen Liedern alle zu Tränen rühren, selbst die Krokodile.

Jeden Abend reinigten die Königinnen und Könige ihre Kronen von Mehlstaub, Milchflecken und Hühnermist. Dann tanzten und feierten sie miteinander, regierten und ließen es sich wohlsein. Morgens schliefen sie weiter bis in die Puppen, denn in diesem kleinen Königreich fing nichts vor zehn Uhr an. Das war ein Leben!

Also, Kinder: Wenn ihr mal jemandem begegnet, der Schneider, Bäcker oder Straßenbauingenieur ist, aber König heißt – na, dann wißt ihr ja Bescheid.

Der Tauschhandel

Häschen wohnte früher an einem anderen Lagerfeuer. Das war lange, bevor Menschen überhaupt ein Lagerfeuer oder einen Ölofen hatten. Ja, das ist eine sehr alte Geschichte. Wie alt? Na, so alt, daß es zu der Zeit, als sie passierte, überhaupt noch keine Menschen gab. Es steht fest und ist in allen einschlägigen Büchern zu lesen, daß zuerst nur die Tiere da waren. Viel, viel später erst wurden die Menschen erschaffen. Die Tiere können also ohne die Menschen leben, aber die Menschen nicht ohne die Hilfe der Tiere. Tiere und Menschen haben zwar viel gemeinsam. Nur eines können die Tiere nicht: voraus- und nachdenken. Die Menschen können es. Aber tun sie es auch?

Der Hase, jedenfalls, der früher – wie gesagt – noch wo anders wohnte, konnte es nicht. Darum passierte diese Ohrengeschichte. Damals hatte er noch anständige, kurze Ohren, nicht länger als vier Zentimeter. So wie es heute noch bei den Zwerghasen üblich ist. Dafür hatte er ein prächtiges Geweih. Da staunt ihr, was?

Ja, der Hase war keineswegs ein ängstliches Tier, sondern ruhig und mutig. Er schlief fest und aß gut und wurde wegen seines prächtigen Geweihs von jedermann geachtet und gefürchtet –aber auch beneidet.

Vor allem der Hirsch, dem die Schöpfung wegen seiner Größe, Sanftmut und Ängstlichkeit sehr lange Ohren mitgegeben hatte, beneidete ihn. Immer, wenn Gefahr drohte, schlug der Hirsch die Ohren vors Gesicht und rief mit verdeckten Augen:

„Ich bin nicht da."

Das sah ziemlich lächerlich aus. besonders bei einem ausgewachsenen Hirschmann. Seine Frau, die Hirschkuh, schämte sich für ihn und hätte ihn gerne anders gehabt.

Ja, ja, ich weiß, was ihr Mädchen sagen wollt. Hätte sie doch schon damals für ihr eigenes Geweih gekämpft. So aber sann sie auf eine List. Und mit wem tat sie sich zusammen? Mit dem Fuchs natürlich.

Eines Tages saß der Hase mit seiner Familie am Lagerfeuer. Sie aßen gerade ihre Kohlsuppe, da kam Fuchs zu Besuch.

„Wie nett", sagte der Hase. „Willst du mitessen?"

Denn er wußte, daß Fuchs immer hungrig war und deshalb zum Stehlen neigte. Fuchs lächelte verbindlich und nahm dankend an. Er aß von der Kohlsuppe.

„Köstlich, köstlich", lispelte er und versuchte, sich nicht zu erbrechen, denn Gemüse war nun wirklich das letzte, was er leiden konnte.

„Ich habe mich schon oft gefragt", begann er dann die Unterhaltung. „Ich habe mich schon oft gefragt, ob du, ehrwürdiger Hase, nicht entsetzlich unter Kopfschmerzen zu leiden hast?"

Der Hase war erstaunt. „Wie kommst du darauf?" fragte er.

„Nun, wegen deines übergroßen Geweihs", sagte der Fuchs. „Damit bist du doch wahrhaftig sehr belastet.

Hase fühlte nach –, und wirklich, das Geweih fühlte sich ziemlich schwer an.

„Was soll man machen", sagte er. „So ist es nun einmal."

„Nur nicht so pessimistisch, lieber Hase", rief der Fuchs. „Ich könnte da schon behilflich sein. Zufällig kenne ich jemanden, der bereit wäre, dir das lästige Geweih gegen ein Paar gutaussehender Ohren einzutauschen."

Hase fühlte sein schönes, schweres Geweih.

„Womit sollte ich mich verteidigen, wenn ich es nicht mehr hätte?" fragte er:

„Du hast doch keine Feinde!"

„Das ist wahr", sagte Hase stolz. „Aber so ein einfacher Tausch ist läppisch. Wenn, dann soll es ein Wettlauf sein. Und wer ist es überhaupt, der mein Geweih will?"

„Hirsch", sagte der Fuchs. Da kicherte die ganze Hasenfamilie, denn jeder wußte, daß der Hirsch ein Angsthase und Hase der schnellste Läufer war.

Fuchs lief zur Hirschfamilie und erzählte, was vorgefallen war. Hirsch schlug sich die Ohren vor das Gesicht und wollte gleich aufgeben.

„Sei nicht albern", rief seine Frau. „Natürlich wirst du laufen." Und diesmal tat sie sich mit Frau Fuchs zusammen.

Der Wettlauf wurde festgesetzt, und die Läufer fingen an zu trainieren.

Eines Tages erschien Frau Fuchs bei Frau Hase. Nach einigem Pattati-Pattata sagte sie seufzend:

„Ach, ich denke, es war nicht recht, Hase zu diesem Wettlauf zu überreden. Darum habe ich Ihnen ein altes Hausmittel mitgebracht: Entenfett. Wenn Sie Ihrem Gatten das – aber ganz diskret natürlich – unter die Pfoten schmieren, dann wird er den Wettlauf bestimmt gewinnen."

Die gutgläubige Frau Hase bedankte sich, und in der Nacht vor dem Wettlauf schmierte sie die Pfoten des Hasen mit dem Entenfett ein. Aber Heimlichkeit bringt nur Ärger.

Es war furchtbar. Alle Tiere waren versammelt. Eichelhäher gab den Startschrei. Hirsch und Hase rannten los. Nach einer Minute des Erstaunens brach ein schreckliches Gelächter los. Hase rutschte aus, sprang hoch, versuchte wieder Richtung zu fassen, rutschte erneut aus und verlor natürlich durch seinen unberechenbaren Zickzackkurs viel Zeit und schließlich auch das Rennen. Ehe sich jemand erklären konnte, wie das alles geschehen war, hatten Geweih und lange Ohren ihren Besitzer gewechselt.

Stolz und erhobenen Hauptes schritt der Hirsch mit dem Geweih davon. Hase saß mit weit aufgerissenen Augen da und versuchte, seine langen Ohren zu ordnen. Mal stellte er eins auf und ließ das andere hängen, mal umgekehrt. Er hörte nun jedes Geräusch und jeden Laut in seiner Umgebung. Das machte ihm eine nie gekannte Angst. Er wagte fortan nicht mehr, die Augen zuzumachen, sondern schlief sogar immer mit offenen. Und sowie ein Schatten sich bewegte, rannte er davon, schreckhaft plötzlich und im Zickzackkurs.

Hase gewöhnte sich daran, nicht mehr am offenen Lagerfeuer, sondern tief im Gebüsch versteckt oder in Höhlen zu wohnen.

Um ihn zu trösten, kuschelte sich seine Familie eng um ihn herum, und seine Frau sagte: „Jetzt hast du wenigstens zwei Löffel, um deine Kohlsuppe ordentlich zu löffeln." Die Löffel, so nennt man ja die Hasenohren, haben sich vererbt. Aber es wäre doch besser gewesen, wenn jeder mit dem zufrieden gewesen wäre, was die Schöpfung ihm gegeben hatte.

Als später die Menschenkinder diese Geschichte hörten, tat ihnen der arme Hase leid. Zum Trost gaben sie ihm eine ganz besondere Aufgabe unter den Tieren. Weil er sich immer verkroch und darum alle Verstecke gut kannte, durfte er zu Ostern – ihr wißt es ja – allen Kindern die Ostereier verstecken. So wurde der mit den langen Ohren zum beliebtesten Tier bei Kindern.

Der Hirsch nicht. Er steht oft lange still auf einer Lichtung, so, als denke er darüber nach.

Das Meckern am Sonntag

Auf dem freien Feld zwischen Fellbach und Rommelshausen gab es nicht viel zu bewundern. Lang und langweilig zogen sich die Spalierobstreihen und Ackerfurchen dahin. Darum war der Sonntagsspaziergang allen Kindern ein Graus. Seit Jahren schon.

So ein Spaziergang ging selten ohne Mißstimmung und Tränen ab. Denn damit überhaupt etwas passierte, stellte der Loisel der Anna heimlich ein Bein, so daß sie mit dem Sonntagskleid in den Matsch fiel. Oder die Evi und der Jürgen trafen – ganz aus Versehen, versteht sich – mit ihren Steinschleudern den Hut von Frau Meisenbichl-Spangenberger.

114

„Ja, könnt ihr denn keine halbe Stunde anständig sein!" rief dann der Vater, und die Mutter dachte an das saure Gesicht von Frau Dr. Meisenbichl-Spangenberger, die im Gemeinderat saß.

Wie froh waren darum alle, als eines Sommers der Italiener Cataldo mit seiner Frau, seinen acht Kindern und sechzehn Geißen erschien, sich niederließ und eben an jenem Spazierweg oberhalb des Schüttelgrabens seine Herde weidete.

Jetzt mußte man die Kinder nicht mehr zum Spazierengehen zwingen. Nein, sie warteten schon die ganze Woche, bis sie wieder die Gretl und Bärbel, den Assi und den Lino streicheln durften. Bald konnten sie die verschiedenen Geißengesichter auseinanderhalten. Die Eltern gingen derweil ein bißchen allein spazieren und kauften auf dem Heimweg etwas frische Ziegenmilch für den Nachmittagskaffee.

Dann kam der Winter, und der fleißige Cataldo baute seinen Geißen einen Unterschlupf am Schützengraben.

41,5 Kubikmeter, wie sich später herausstellte, denn er hatte nicht um Erlaubnis gefragt. Nun ist das Sonntagsspaziergehglück eine, das Baurecht eine andere Sache. Der Bürgermeister verwies auf den Kleinbautenerlaß für kleine Äcker und Gärten. Danach dürfte an jener Stelle zwischen Spalierobstreihen und Ackerfurchen zwar ein Geräteschuppen oder ein Klohäuschen errichtet werden. Aber ein Geißenstall dieses Ausmaßes? Nein. „Hier großzügig zu sein, hieße ja das Recht beugen", sagte er.

„Also ich finde, die Geißen sind ein gutes pädagogisches Mittel, um unsere Kinder an die frische Luft zu kriegen", sagte darauf ein Gemeinderat. Und ein anderer meinte: „Man kann die ganze Sache doch auch mal ein bißchen großzügig behandeln, unseren Kindern zuliebe. Es ist zwar nicht ganz legal, aber die Idylle da draußen stört doch keinen großen Geist."

115

Aber da rief Frau Dr. Meißenbichl-Spangenberger aufgebracht:

„Das kann und darf nicht sein, daß Frechheit siegt. Auch Italiener müssen sich an Regeln halten."

Der Bürgermeister fingerte daraufhin verlegen an einem Stückchen Papier herum und sagte schließlich:

„Meine Tochter hat mir heute morgen einen Zettel auf die Serviette gelegt. Und wissen Sie, was da draufsteht? Wenn du die Geißen verjagst, bleibe ich sonntags im Bett."

Da griffen alle Ratsmitglieder in ihre Taschen, und jeder brachte einen Zettel zum Vorschein, auf dem eben dasselbe stand. Nur Frau Dr. Meisenbichl-Spangenberger hatte keinen, denn sie hatte keine Kinder.

So beschloß der Gemeinderat mit nur einer Gegenstimme, das sanfte Meckern und den etwas zu groß geratenen Schuppen am Schüttelgraben zu dulden.

Das wandernde Muttergottesle

An der Stelle der heutigen Wallfahrtskirche Weggental bei Rottenburg stand vor Zeiten ein Bildstock mit einer Muttergottesfigur. Sie war gerade so groß wie eine Puppe. Stand da in der hellen Sommerlandschaft in ihrem blauen Kleid, schön mit Sternen verziert, hatte rosige Wangen und silberhelle Locken. So recht zum Anbeten.

In Remmigsheim, einem Dorf in der Nähe, lebte aber ein Bauer, der war oft grimmig und rechthaberisch. Und geizig war er

116

auch. Er ließ sich von niemandem gern was sagen, nicht vom
Schultheiß, nicht von seiner Frau und nicht vom lieben Gott.

Dieser Bauer kam eines Tages auf dem Weg von Rottenburg
nach Remmigsheim an dem Bildstock vorbei, blieb stehen, betrachtete es und dachte, das gebe eine nette Puppe für seine Kinder ab. Er nahm also das Muttergottesle heraus und steckte es in
seine Tasche. Zu Hause angekommen, sagte er: „Schaut Kinder,
was ich euch vom Jahrmarkt mitgebracht habe."

Die Kinder freuten sich und spielten bis zum Schlafengehen
mit der kostbaren Puppe. Am anderen Morgen aber, da war sie
verschwunden. Niemand schien zu wissen, wo sie geblieben war.

Wenige Tage später mußte der Bauer wieder in die Stadt. Und
wie er auf dem Heimweg beim Bildstock vorbei kam, stand da die
kleine Gottesmutter wieder an ihrem angestammten Platz. Den
Bauern wunderte das. Er nahm sie kurzerhand wieder von ihrem
Sockel und brachte sie zu seinen Kindern. Die freuten sich natür-
lich, die schöne Puppe wiederzuhaben und spielten den ganzen
Tag mit ihr herum. Dabei gingen ein paar Sterne vom blauen
Mantel ab. Die Bäuerin nähte sie wieder an.

Am nächsten Morgen war die kleine Gottesmutter aber wieder
verschwunden und stand – ihr habt es schon erraten – an ihrem
gewohnten Platz im Bildstock.

„So, bist schon wieder da", sagte der Bauer, als er das dritte
Mal da vorbei kam. „Wart nur, das Ausreißen wird dir schon ver-
gehen. Es wär' doch gelacht, wenn ich nicht Herr im Haus blie-
be!"

Der Bauer nahm also das kleine Frauchen wieder mit, und am
nächsten Abend, nachdem die Kinder im Bett waren, sperrte er
das vermeintliche Spielzeug in seine Truhe ein. Den Schlüssel
nahm er mit ins Bett.

Es half aber alles nichts. Auch in der Truhe blieb die kleine Muttergottes nicht. Als der Bauer wutentbrannt zum Bildstock rannte, stand sie mit rosigen Wangen an ihrem gewohnten Ort und lächelte ihn an, so als ob er sie nie da weggenommen hätte.

Der Mann wußte wahrhaftig nicht mehr, wie er sich einen Reim drauf machen sollte, ging heim und sprach mit allen Leuten darüber. Die Geschichte wurde in der ganzen Gegend bekannt. Einer erzählte sie dem anderen weiter. So wurde sie immer wundersamer. Viele Leute kamen aus Neugier und Andacht, um die beharrliche kleine Frau zu sehen, und schließlich erbauten sie ihr ein Kirchlein im Weggental, um sie auch bei Regen besuchen zu können.

Wie aber das Wunder wirklich geschehen war, daß wußte nur Maria, die Frau des Bauern. Sie war der Meinung, daß man Frauen nicht vom Platz verdrängen darf, der ihnen zusteht, seien sie nun eine Hausfrau oder eine Gottesmutter. Wollt ihr wissen, welche Bäuerin das war? Dann schaut mal in die Nähkästen der Frauen von Remmigsheim. In einem liegt noch ein goldener Stern vom zerzausten Mantel der Gottesmutter.

Ist das gut oder böse oder was?

Der Hund in Nachbars Garten

Ich weiß nicht, ob sie nie genug zu essen bekommen haben, die Schustersbuben aus Obergimpern, oder ob die Äpfel, Pflaumen und Kirschen in Nachbars Garten einfach besser aussahen. Jedenfalls war für sie der Zaun kein Zaun. Drüber geklettert und drunter durchgeschlupft sind sie immerzu, und kein Obst, reif oder unreif, war vor ihnen sicher.

Den Nachbarn hat das natürlich geärgert. Er hat geschimpft, geschrien und mit allem möglichen nach ihnen geworfen. Er hat sich bei ihrem Vater beschwert und bei ihrer Mutter beklagt. Er hat mit der Polizei gedroht. Alles umsonst. Gleich am nächsten Tag hat wieder die Hälfte der Kirschen am hintersten Baum gefehlt.

Der Nachbar hat sich nicht mehr anders zu helfen gewußt, als sich auch einen bösen Hund anzuschaffen. Es hat aber weit und breit keinen bösen Hund zu kaufen gegeben. Bloß einen jungen Allerweltsköter.

„Aber der wird Ihnen grausig bös werden, wenn Sie ihn richtig erziehen", hat der Verkäufer gesagt.

Der Nachbar hat also den Hund mitgenommen, hat ihn Hasso getauft und in seinem Garten springen lassen. Gleich darauf ist mal wieder ein Ball im Tulpenbeet gelandet.

„Faß, Hasso, faß!" hat der Nachbar gerufen. Und Hasso hat den Ball voller Begeisterung zerbissen. Dabei sind allerdings mehr Tulpen von ihm zertrampelt worden, als der Ball umgeknickt hatte. Aber das ist es dem Nachbarn wert gewesen. Er hat nämlich genau gemerkt, wie verblüfft und ängstlich die Schustersbuben dem Treiben zugesehen haben.

„Das wird ihnen eine Lehre sein", hat er gedacht, hat den Hund von nun an den Garten bewachen lassen und sich selbst um andere Dinge gekümmert.

Die Schustersbuben sahen sich tatsächlich ihrer wichtigsten Obstquelle beraubt. Denn wer will sich schon von einem so bösen Hund beißen lassen? Sehnsüchtig haben sie über den Zaun geschaut, hinter dem der junge Hund vergnügt herumgetollt ist. Dann kam ihnen ein neuer Gedanke, den sie auch gleich in die Tat umsetzten. Viele Tage lagen sie zu den verschiedensten Zeiten versteckt am Gartenzaun, riefen den Hund bei seinem Namen, redeten mit ihm und gaben ihm Wurst und andere Leckerbissen zu fressen. Statt ein böser Hund zu werden, wurde Hasso sehr kinderlieb und sah die Schustersbuben bald als seine nächsten Verwandten an. Natürlich ließ er sie dann auch in den Garten. Er bellte nur, wenn der Nachbar kam, damit sich die Buben rechtzeitig in Sicherheit bringen konnten.

Der Nachbar wunderte sich, daß in diesem Herbst die Apfel-, Birnen- und Pflaumenernte recht mager war und besonders die Pfirsiche sich gar nicht gut entwickelt hatten. Die Schustersbuben trieben es aber nicht zu weit, sondern ließen dem alleinstehenden Hagestolz schon seinen Teil.

So dauerte es Jahre, bis er durch Zufall bemerkte, was aus seinem scheinbar so bösen Hund für ein Schlawiner geworden war. Aber da war es für eine Umerziehung schon zu spät. Außerdem

120

wurden die Schustersbuben groß und zogen einer nach dem anderen fort. Da hatte der alte Hagestolz auf einmal viel zu viele Pfirsiche. Richtig schade war das.

Der bitterböse Friedrich

Es gab einmal einen Friedrich, der war bitterböse. „Wenn der Tag lang ist, tut er alles, was Gott verboten hat", sagten die Leute und seufzten. Wenn Friedrich morgens aufstand, um in die Schule zu gehen, dann schlief sein Vater noch seinen Rausch aus. Seine Mutter war schon in der Waschküche, und die kleinen Geschwister heulten rum. Friedrich schnitt sich einen Brotkanten ab, haute seiner kleinen Schwester, die auch einen wollte, auf die Finger und knallte die Tür hinter sich zu.

Traf er einen Hund, so bewarf er ihn mit Steinen, sah er eine Kröte, so trat er sie tot. Er zerstörte im Vorbeigehen die Sandburg der Nachbarskinder, warf den Puppenwagen von Anneliese um und das Tintenfaß von Karl. Er schlug Ottmar das Wurstbrot aus der Hand, so daß es mit der Butterseite nach unten in den Schmutz fiel, und stellte der Lore ein Bein. Über ihr aufgeschlagenes Knie lachte er dann hämisch.

Alle Kleineren in der Klasse hatte er schon verprügelt, und sieben zerbrochene Fensterscheiben gingen auf sein Konto. Wenn der Lehrer von den Missetaten erfuhr, verprügelte er Friedrich mit dem Rohrstock und stellte ihn in die Ecke.

Zu Hause mußte Friedrich den Garten umgraben, Holz hacken, Wasser tragen und auf seine kleinen Geschwister aufpassen. Wenn er das nicht ordentlich machte, haute ihm sein Vater eine runter. Wenn er ein Loch in seine Hose riß, gab seine Mutter ihm eins hinter die Ohren. Friedrich kniff und haute seine kleinen Geschwister. Er konnte niemanden leiden, und niemand mochte ihn.

Eines Tages ging er über den Markt. Da saß eine alte Frau mit einem Apfelkorb. Friedrich kickte im Vorbeigehen den Apfelkorb um. „Hexe, Hexe", rief er schadenfroh und wollte weitergehen. Aber da blieb er plötzlich wie angewurzelt stehen. Was hatte er da gehört? „Komm doch mal her, Friederle", hatte die alte Frau gerufen. Noch nie in seinem Leben hatte jemand Friederle zu ihm gesagt. „Jetzt komm halt, Friederle. Nimm dir einen Apfel, und tu die anderen wieder in den Korb, sei so gut."

Traumwandlerisch tat Friedrich, wie ihm geheißen. „Jetzt setz dich mal ein bißchen zu mir", sagte die alte Frau und hielt mit Friedrich ein Schwätzchen. Zum Schluß sagte sie: „Der Apfel, den du gerade gegessen hast, das ist ein Zauberapfel gewesen. Das wirst du schon merken."

Daran mußte der Friedrich nun immerzu denken, und bald wußte er, was der Zauber war: Er war langsam geworden. Hob er einen Stein auf, um den Hund zu bewerfen, so blieb seine Hand auf halbem Wege stehen. „Was für ein schöner weißer Kieselstein", dachte er und steckte ihn in die Tasche. Als nächstes blieb sein Fuß in der Luft hängen, mit dem er die Kröte zertreten wollte. So hatte er Gelegenheit, ihre goldenen Augen zu betrachten.

Er entdeckte den Tunnel in der Sandburg und die komische Mickymaus im Puppenwagen. Er war zu langsam, um Lore ein Bein zu stellen und sah zum ersten Mal ihre Sommersprossen. Er bot Ottmar seinen Brotkanten zum Tausch gegen das Wurstbrot

an, und der verblüffte Ottmar ging darauf ein. Am Ende der
Schulstunde ließ der Lehrer seinen Blick durch die Klasse strei-
fen. „Haben wir nicht etwas vergessen?" fragte er. Aber er kam
nicht darauf, was es sein könnte.

Nachmittags erledigte Friedrich seine Aufgaben schnell und
ordentlich. Dann durfte er mit seiner kleinen Schwester zum
Markt gehen. Da saßen dann die beiden eine Weile bei der Apfel-
hexe und hielten ein Schwätzchen.

Daß einmal in seinem Leben jemand „Friederle" zu ihm gesagt
hat, das wird der Friedrich seiner Lebtag nicht vergessen.

Der Prinz auf der Flucht

Riad sitzt am Straßenrand und erzählt: „Das sieht man doch, daß
du mal bessere Tage erlebt hast", hat der nette Kaufmann zu mir
gesagt. „Hier hast du ein Paar neue Jeans und einen anständigen
Pullover. Der ist zwar zu groß, aber macht nichts. Du wirst ihn ja
lange tragen müssen."

Die Kinder um Riad herum staunen. Sie betrachten voller Be-
wunderung seine neuen Jeans und den großen Pullover. Das es so
einen netten Kaufmann gibt!

„Und dann hat er noch gesagt: Ein Prinz auf der Flucht
braucht auch Freunde. Und Freunde brauchen Geschenke!
Hier!" Riad zieht aus einer Plastiktüte lauter kleine, hübsche,
bunte Autos.

„Die hat der nette Kaufmann mir für meine Freunde gegeben.
Ihr seid doch meine Freunde?"

Klar! Alle sind jetzt Riads Freunde. Und gerne essen sie mit ihm zusammen auch noch die Süßigkeiten, die der nette Kaufmann dem flüchtigen Prinzen eingepackt hat.

Doch da steht plötzlich Hugo zwischen ihnen, groß und böse. Hugo von der anderen Straßenseite.

„Alles Lüge!" schreit er. „Das hat er doch alles geklaut. Drüben im Kaufhaus. Na klar, das hab ich doch gesehen!"

Riad macht noch einen schwachen Versuch.

„Gar nicht wahr...", sagt er.

„Na, warte", schreit Hugo, der nichts abgekriegt hat. „Das werden wir ja sehen."

Eben war alles noch so schön. Ein Märchen aus tausend und einer Nacht. Nun ist es verschwunden, hat sich aufgelöst, wie eine rosa Wolke am Abendhimmel.

Na ja, ihr wißt ja, wie so was weitergeht. Die Polizei, der Kaufhausdirektor, die Tante, bei der Riad wohnt, das Jugendamt, alle versuchen, die Sache wieder in Ordnung zu bringen, den Schaden zu beheben und Riad zu einem ehrlichen Menschen zu erziehen.

Erst nach einer Woche kommt Riad wieder in seine zweite Klasse. Er drückt sich an der Wand entlang und schleicht auf seinen Platz, so, als wolle er sich unsichtbar machen. Aber das kann er leider nicht. Alle Kinder sehen ihn an und wissen nicht, was sie von ihm halten sollen. Ist er böse?

Dann kommt der Lehrer und sagt: „Zuerst einmal erzähl ich euch eine Geschichte.

Es gab einmal einen kleinen Jungen, der lebte glücklich mit seiner Familie in einem schönen Haus. Dann kam der Krieg in dieses Land. Der Krieg zerstörte das schöne Haus und tötete die Eltern und Geschwister des Jungen.

Zum Glück hatte der Junge noch eine Tante, die nahm ihn mit in ein Land, wo kein Krieg war, wo schon seit 50 Jahren Frieden war.

In diesem reichen Land konnten sie zwar leben, aber sie waren sehr arm. Um ihn zu trösten, erzählte die Tante dem Jungen oft Märchen von Prinzen und Zauberern. Und der Junge, der sehr allein war und niemanden hatte, mit dem er über seine tote Familie reden konnte, dieser Junge wollte, daß einmal ein Märchen wahr würde. Er ging in ein Kaufhaus, streifte nur so durch die Regale, und schon war er wieder draußen. Jetzt hielt er in der Hand, wovon er sonst nur träumte und war glücklich. Sogar Freunde hatte er auf einmal. Aber das alles dauerte nur eine kurze Stunde, denn ein Traum ist ein Traum, und die Wirklichkeit ist die Wirklichkeit. Den Unterschied müssen wir alle lernen und beachten.

Allerdings steht nirgends geschrieben, daß es eine neue Hose oder Freunde oder Bonbons nur im Traum geben kann.

So - und jetzt nehmt eure Hefte raus", sagt der Lehrer und fängt an, die Rechenaufgaben an die Tafel zu schreiben.

„Ach so!" sagt Felix nach einer Weile (bei manchen rutscht der Groschen halt langsam). Er schiebt seinem Nebensitzer einen Kaugummi rüber und sagt leise: „Wenn du mal Geschwister brauchst, Riad, ich hab davon mehr als genug. Und auch Äpfel!"

Geschwister haben ist auch nicht leicht

Ist Anton krank?

Eine Familie ist im Allgemeinen ja etwas Schönes. Der Anton aus Dillingen, wenn man den fragen würde, der sähe das allerdings anders. Der hat noch drei jüngere Geschwister, die Lene, den Kurt und den Moritz. Die reine Plage!

„Anton, seid doch nicht so laut!" ruft die Mutter.

„Anton, bring mir mal schnell einen Hammer", ruft der Vater.

„Anton, hol mal die Milch."

„Anton, paß auf die Kleinen auf, ich muß in den Stall."

„Anton, kannst du nicht acht geben, wie sieht's denn hier aus!"

„Anton, du bist doch schon groß!"

So geht es den ganzen Tag.

Eines Tages wird Anton krank. Still und heiß liegt er im Bett und schaut mit großen, dunklen Augen sorgenvoll in die Welt.

„Das wird schon wieder", sagt die Mama und macht ihm Wadenwickel. Aber es wird nicht. Da rufen sie den Doktor.

„Das Fieber ist wieder runter", sagt der Doktor. „Jetzt muß er nur wieder zu Kräften kommen. Viel Vitamine. Apfelsinen und Haferflocken. Das wird schon wieder."

Aber es wird nicht.

Der Papa trägt den Anton in den Garten. Vielleicht mag er da ja ein bißchen in der warmen Sonne spielen. Aber der Anton kann nicht, nicht mal seinen Arm kann er heben. Essen mag er auch nichts. Wie ein Baby muß man ihn füttern.

Gut, daß die Oma mit im Haus lebt. Wer sollte sonst auf die jüngeren Geschwister aufpassen?

Aber mit dem Anton wird und wird es nicht besser.

Da holen die Eltern einen anderen Doktor, einen alten, der schon viele kleine Kinder hat groß werden sehen, auch den Papa. Der Doktor sitzt eine ganze Weile beim Anton im Garten. Sie unterhalten sich. Die anderen sehen es von ferne.

„Was hat er denn?" fragen die Eltern, als der Doktor schließlich zu ihnen kommt.

„Der Anton muß in die Schule", sagt der Doktor.

Das sind die Eltern ganz verwirrt.

„Ja, aber wenn er doch schon zu Hause nichts kann!"

„Und überhaupt ist er ja noch nicht einmal sechs!"

„Zum Schulanfang wird er sechs sein", sagt der Doktor. „Dann ist er zwar der Jüngste in der Klasse, aber genau das ist es, was der Anton braucht."

„Das verstehe ich nicht", sagt der Vater kopfschüttelnd. „Wir sind doch immer so stolz auf unseren Ältesten. Das weiß er doch!"

„Ich versteh's schon", sagt die Mutter nachdenklich. „Der Anton hat einfach zu viel tun müssen. Die Großen haben immer nur ihn verantwortlich gemacht. Und die Kleinen haben ihm alles kaputt gemacht."

„Aber er hat sich doch nie beschwert. Hat er sich etwa bei Ihnen beschwert, Herr Doktor?" fragt der Vater.

„Der Anton hat sich nicht beschwert. Aber sein Körper beschwert sich", sagt der Doktor. „Auf den sollte man hören."

Die Eltern melden den Anton in der Schule an.

Da hat er Glück, denn die Lehrerin in Dillingen ist so richtig nett! Er hat sie ganz für sich allein – ohne seine Geschwister, meine ich. Und aufpassen muß er auch nicht mehr, auf nichts und niemanden. Außer auf sich selber natürlich und auf den Unterricht.

Für manche ist halt die Schule eine wahre Erholung.

Das Kind in der Mitte

Maxi, Franzi und Lili hatten neue Kleidchen bekommen, denn sie waren mit ihren Eltern zu einer großen Hochzeit nach Hamburg eingeladen.

Als sie dort ankamen, zeigte es sich, daß Lili mit einem kleinen Cousin zusammen Blumen streuen sollte; und die große Maxi sollte mit einem etwas größeren Cousin zusammen die Schleppe der Braut tragen. Mehr gab es leider nicht zu tun. Franzi mußte das einsehen.

Nach der Kirche gingen alle ins Gasthaus zum Ochsen. Die Tische waren mit Blumen, Kerzen und Tischkarten geschmückt. Die Tischkarte für Franzi war allerdings vergessen worden. So was kann ja mal vorkommen, bei so vielen Gästen.

Die Spiele nach dem Essen waren um so lustiger. Nur leider gelang es Franzi nicht, einen der schönen Preise zu schnappen, die an einem hochgespannten Seil für die Kinder aufgehängt worden waren. Dafür bekam sie ein Stück Kuchen mehr. Aber eigentlich war sie sowieso schon satt.

Auch beim Verteilen der Schleierstückchen, welche die Braut nach französischer Sitte jedem Mädchen mitgab, bekam Franzi keines ab, weil sie gerade aufs Klo gegangen war.

Als dann auch noch jemand ein Glas Rotwein über ihr Kleid verschüttete und sie ihr gewöhnliches Sonntagskleid wieder anziehen mußte, war das dann allerdings eins zu viel. Franzi kam sich vor wie in einem Märchen, das rückwärts läuft, und aus der schönen Prinzessin wird am Ende ein Aschenputtel, ein Frosch oder gar eine Stiefschwester, die keiner mochte noch beachtete.

Franzi setzte sich auf Mamas Schoß und weinte ein bißchen. Zum Glück zeigte ein Zauberer seine Kunststücke, und Franzi mußte über das zappelnde Kaninchen lachen. Gerade da knipste der Fotograf, und sein Blitzlicht beleuchtete Franzis hellblonde Haare.

Als alle wieder zu Hause waren und die Hochzeitsfotos kamen, klebte Mama im Album eine hübsche Collage zusammen; schräg und grade, neben und übereinander. Die ganze Feststimmung kam so richtig zum Ausdruck. Das Foto von der lachenden Franzi schnitt sie rund aus und klebte es genau in die Mitte.

Als die Collage fertig war, wollten natürlich alle das Werk betrachten. Nur Franzi nicht. Sie wollte gar nicht an das blöde Fest erinnert werden, auf dem sie immer nur als Pechvogel und Versager dagestanden hatte. Aber als das Album dann so aufgeschlagen auf dem Tisch liegen blieb, warf sie doch einen Blick hinein. Und da sah sie das Bild von sich selbst in der Mitte kleben. Es war heller als alle anderen und bildete so wirklich einen Mittelpunkt.

Franzi fühlte, daß in ihr eine Veränderung vorging. Sie fühlte sich nicht mehr als überflüssige Randfigur, sondern als Mitte, als Mittlere, die sie ja war. Die anderen waren am Rand, oben und unten, rechts und links. Sie war immer in der Mitte, wie auf dem

Bild hier. Franzi lächelte und sah auf. Hinten im Zimmer saß Mama und schaute zu ihr herüber. Sie lächelte auch – und kniff ein Auge zu, wie Mitwisser es tun oder Piraten.

Wer zuletzt kommt,
ist nicht immer der Kleinste

Als Peter geboren wurde, waren schon alle da: Mama, Papa, Oma und Opa, Katrin, Klaus und Stefan, die Nachbarn, der Kaufmann und die Kinder auf der Straße. Wie schnell Peter auch wuchs, alle anderen waren immer größer und älter als er; wieviel er auch lernte, alle anderen konnten es besser. Außer Mama ahnte niemand, was für ein schweres Leben er hatte.

„Du bist noch zu klein. Komm, ich helf dir. Laß mal, das mach ich für dich. Dahin kannst du noch nicht mit." Das waren Sätze, die er täglich zu hören bekam und die ihm sein Leben vergällten.

Zwar sagte Mama, daß Klaus und Stefan ihn zum Spielen mitnehmen mußten, aber die wußten das listig zu verhindern.

„Wir spielen Ritter. Du bist der Wächter. Stell' dich mal da auf die Bank und bewache den Eingang. Das ist was ganz Wichtiges!" sagte Klaus.

Peter stellte sich auf die Bank und behielt die Haustür genau im Auge. Als fünf Minuten vergangen waren, ohne daß etwas geschah, schaute er sich nach den anderen Rittern um. Aber die waren heimlich schon längst über alle Berge.

Ein anderes Mal ließen die Brüder ihn auf den Apfelbaum steigen und nahmen dann die Leiter weg. Peter verbrachte da oben eine Ewigkeit, während seine Brüder wer weiß was machten.

Wenn er dann weinend nach Hause kam, gab es zwar immer Trost für ihn und Schimpfe für die Brüder, aber davon wurde er auch nicht größer.

Ging er mit seiner Schwester zu deren Freundin Susi, dann mußte er immer das Kind spielen oder die Katze oder den Hund Struppi: „Du bist halt so ein herziges Knuddel", sagte Susi und bürstete seine dicken Locken. Dafür gab sie ihm allerdings auch ihre Bonbons. Aber nie durfte Peter mal Bestimmer sein.

Wenn er beim Mittagessen etwas erzählen wollte, lachten alle schon nach den ersten Sätzen.

„Du erzählst wirklich Kraut und Rüben", sagte Klaus. Aber Katrin sagte: „Laß ihn doch. Er ist doch unser Kleiner."

Dann verschluckte sich Peter oft vor Wut und hustete den Kirschsaft über Opas Jacke.

„Vielleicht sollte der Kleine lieber im Kinderzimmer essen", murmelte dann Opa, während Oma an ihm herumputzte.

Eines Tages durfte Peter ganz allein verreisen. Zu Tante Anneliese und Onkel Paul und seinen beiden Cousinen. Peter war unterdessen sechs Jahre alt. Gretchen und Kätchen aber waren erst drei und vier. Anfangs fand Peter das richtig gut.

„Peter, sei doch so nett und geh mit den Kleinen in den Garten", sagte Tante Anneliese. Stolzgeschwollen nahm Peter die Mädchen an der Hand und ging mit ihnen raus. Aber was sollte er da mit ihnen machen?

Zuerst setzte er sie auf die Schaukel. „Anschupsen!" rief Kätchen. Peter gab der Schaukel Schwung. Aber bald wollten die beiden nicht mehr. Peter setzte sie auf die Wippe, schob sie dann auf dem Fahrrad, baute ihnen eine Sandburg, ging mit ihnen zur Apfelwiese. Die kleinen Mädchen blieben bei jeder kleinsten Blume stehen.

„Könnt ihr nicht schneller laufen?“ fragte Peter ungeduldig. Auf halbem Wege hatte Gretchen Durst, und sie mußten umkehren. Kätchen stolperte über eine Wurzel und schlug sich das Knie auf. Heulend kam sie zu Hause an.

„Aber Peter“, sagte Tante Anneliese. „Konntest du nicht ein bißchen besser aufpassen?“

Peter war sprachlos. Wie kam Tante Anneliese dazu, ihn zu schimpfen, wo doch…

„Es gibt Abendessen“, rief Tante Anneliese jetzt. „Peter, deck schon mal den Tisch.“

Peter hatte noch nie einen Tisch decken müssen.

„Na, die Kleinen können das doch noch nicht. Das muß schon der Älteste machen“, sagte Tante Anneliese und lachte spitzbübisch.

Nach dem Essen wollte Peter mal allein mit seinen Autos spielen. Aber die kleinen Mädchen ließen ihn nicht.

„Gut, dann spielen wir eben Ritter. Ihr seid die Wächter. Stellt euch mal auf die Stühle und bewacht die Tür“, sagte Peter. Da hatte er eine Weile Ruhe. Und dann kam auch schon Tante Anneliese und brachte alle ins Bett.

„Bleibst du jetzt immer bei uns?“ fragte Kätchen zärtlich.

„Du bist bißchen gemein“, sagte Gretchen. „Aber es ist trotzdem klasse, einen älteren Bruder zu haben.“

„Das finde ich auch“, dachte Peter schon im Einschlafen. Hundert Mal hatte er sich schon gewünscht, der Älteste zu sein. Jetzt nicht mehr. Jetzt war er wieder sehr zufrieden, daß er das war, was er ab nächster Woche wieder sein würde. Der Jüngste.

Abschied und Tod

Ein sonniger Platz unterm Baum

Herr und Frau Birzele wohnten in einem kleinen Haus mit gemütlichem Garten und Blick auf den Neckar. Sie wohnten schon ziemlich lange da, und jetzt waren sie alt. Ihre Kinder, die Beate Birzele und der Bernhard Birzele, waren schon erwachsen und in die weite Welt hinausgezogen. Nur die Katze Blausi war bei ihnen geblieben. Ein liebes Tier, das früher fleißig Mäuse gefangen hatte. Und keinen bunten Hund hätte sie je zu den Birzeleskindern in den Garten gelassen!

Blausi war ein Familienmitglied. Aber jetzt war die Katze auch schon sehr alt, zwanzig Jahre, glaube ich. Sie war halb erblindet, fing keine Mäuse mehr, und alle Hunde waren ihr egal, mochten sie bellen und Grimassen schneiden, wie sie wollten.

Am liebsten lag Blausi hinten im Garten. Dort schien die Nachmittagssonne auf ein moosiges Plätzchen. Eine Birke ließ ab und zu ein Blatt fallen. Die Vögel zwitscherten und erinnerten Blausi an ihre Jugendsünden, als sie noch geschickt und schnell von Baum zu Baum gesprungen war.

Wenn jetzt eine Hummel zu nahe an ihrem Ohr summte, dann hob Blausi wohl noch ihre Tatze wie zum Schlag, ließ sie dann aber gleich wieder sinken und döste weiter. Regelmäßig ging sie zu den Mahlzeiten ins Haus. Dann goß Frau Birzele ihr Milch ein, und Herr Birzele schnitt ihr das Fleisch klein. „Du mußt ordentlich essen", ermahnte er sie, denn in letzter Zeit aß sie immer weniger und vergaß sogar manchmal, überhaupt zum Essen zu kommen. Sie magerte schrecklich ab.

„Die Blausi ist ja auch wirklich alt", sagte Herr Birzele eines Tages zu seiner Frau. „Jetzt geh nur mit ihr zum Tierarzt."

Nachdem seine Frau gegangen war, nahm Herr Birzele einen Spaten und hob, an Blausis Lieblingsplatz unter der Birke, ein kleines Grab für sie aus. Er weinte ein bißchen dabei, denn er glaubte fest, daß der Tierarzt die uralte Katze einschläfern würde. Und er hatte sich doch so an sie gewöhnt!

Die Frau kam aber mit der lebenden Katze zurück. „Eine alte Katze muß nicht immer so viel fressen, hat der Doktor gesagt", berichtete sie. „Und unsere Blausi würde noch so munter aus der Wäsche gucken. Die lebt uns noch ein Weilchen."

Blausi war unterdessen zu ihrem Lieblingsplatz im Garten geschlichen. Jetzt stand sie da und starrte ganz verblüfft in das kleine Grab. Nach einer Weile stieg sie hinein und machte es sich in der warmen Kuhle gemütlich. Frau Birzele legte ihr noch ein Kissen dazu, und so verbrachte Blausi die letzten Wochen ihres Lebens meistens schon mal in ihrem kleinen Grab, das sie richtig lieb gewann.

Als sie dann wirklich starb, war es für alle Beteiligten ein sanftes Ereignis. Niemand sträubte sich dagegen. „Ja, jetzt schau nur", sagte der alte Herr Birzele zu seiner Frau. „Was man von einem Kätzchen noch lernen kann."

Reden kann ich noch mit ihr

Max saß und malte ein Bild: In die Mitte zwei große, gelbe Punkte, dann blau und viel rot, und außen herum alles schwarz.

„Was malst du denn da?" fragte Britta.

„Den Unfall", sagte Max.

Aber Britta konnte da kein Auto erkennen.

Zwei Wochen vorher war Max mit seinen Eltern und der Oma nach Hause gefahren. Es wurde schon dunkel, und plötzlich waren da zwei grelle Scheinwerfer direkt vor ihnen. Es krachte furchtbar, und dann sah Max seine Oma draußen auf der Straße liegen und viel Blut fließen.

Vater und Mutter waren auch verletzt. Viele Menschen hielten an, um zu helfen.

Max saß lange allein im Auto und verstand nichts.

Jemand beugte sich über die Oma und fragte: „Ist sie tot?"

Der Tod fließt, dachte Max.

Endlich kam auch zu ihm jemand, hob ihn aus dem Auto und brachte ihn in ein Kinderheim. Max war froh, daß da alles so bekannt aussah. Das Gitterbett war fast wie seins zu Hause. Die Bettwäsche hatte auch lustige Mondmännchen. Kuscheltiere gab es auch. Es gab Essen und Trinken, eine Badeente, Spielsachen, freundliche Erwachsene und viele andere Kinder, mit denen er spielen konnte.

Nur Krach konnte Max nicht ertragen. Wenn eine Tür zufiel, kroch er unters Bett.

Während die anderen Kinder spielten, saß Max still auf der Gartenbank.

„Was machst du denn da?" fragte Britta.

135

„Ich warte", sagte Max. Britta setzte sich neben ihn, und sie warteten ein Weilchen zusammen.

Eines Tages kamen die Eltern von Max, um ihn wieder abzuholen. Sie brachten Spielzeug und Süßigkeiten mit.

Max freute sich, aber er konnte nicht richtig aufpassen. Immer schaute er zur Tür.

Schließlich sagte seine Mutter: „Du, Max, weißt du, deine Oma kommt nicht mehr. Sie ist tot."

Max weinte nicht. Er ging in den Garten hinaus und setzte sich auf seine Bank. Da saß seine Oma plötzlich neben ihm.

„Ich denke, du bist tot", sagte Max.

„Du weißt ja: der Tod fließt - von einem Leben ins andere", sagte die Oma.

„Hast mir eine Lakritz?" fragte Max, wie gewöhnlich.

„Nein, eine Lakritz hab ich nicht. Und ich kann dir auch keinen Grießbrei mehr kochen. Aber reden kann ich mit dir. Immer, wenn du so still auf der Bank sitzt oder in deinem Bett liegst, kannst du mit mir reden."

Das sagte die Oma mit ihrer lieben, alten Stimme.

Max wollte sie umarmen. Aber da war sie fort.

„Wartest du wieder?" fragte Britta und setzte sich neben ihn.

„Nein, jetzt warte ich nicht mehr", antwortete Max.

Dann fuhr er mit seinen Eltern nach Hause. Zum Glück war heller Tag. Da hatte Max nicht ganz so viel Angst. Als sie zu Hause in die Wohnung kamen, freute er sich, denn da war alles wieder wie früher.

Aber doch nicht ganz.

Und auf einmal fing Max an zu weinen und weinte und weinte. All die Zeit hatte er nicht geweint, aber jetzt weinte er und konnte gar nicht mehr aufhören.

„Ja, was ist denn nur?" fragte der Vater.

Max schluchzte. „Die Oma kann mir nie mehr Grießbrei kochen." Der Vater dachte nach.

„Ich war Omas Kind", sagte er dann. „Ich weiß, wie sie den Grießbrei gekocht hat. Soll ich dir einen machen?"

Die Mutter nahm Max auf den Schoß, und er heulte ihre ganze Bluse voll. Dann kam der Vater mit dem warmen Grießbrei und – der schmeckte tatsächlich genau wie Omas.

„Reden kann ich noch mit ihr", sagte Max nachdenklich zwischen zwei Löffeln Grießbrei. „Ihr auch?"

„Ja, wir auch", sagten Vater und Mutter und hatten ihr Kind sehr lieb.

Der alte Birnbaum

„Jakob, hol mir mal die Säge", sagt der Papa zu seinem Bub.

„Was willst du denn mit der Säge?" fragt der Jakob.

„Der alte Birnbaum muß weg", sagt sein Papa und klopft ans morsche Holz.

Der Jakob erschrickt. Schon immer hat der Birnbaum da gestanden, knorrig und schief. Geblüht hat er und dann kleine grüne Birnchen gemacht, die im Herbst dick und gelb geworden sind. Zuerst hat der Jakob unterm Baum warten müssen, bis eine Birne für ihn heruntergefallen ist. Aber dann hat er auf den Baum raufklettern können und sich selbst die Birnen holen, denn jetzt ist er ja schon fünf. Eine Welt ohne den alten Birnbaum kann sich der Jakob nicht vorstellen.

Mißtrauisch schaut er zu seinem Papa rüber, der um den Birnbaum jetzt das braune Gras vom Vorjahr wegrauft.

„Warum willst du ihn denn kaputt machen?" fragt er.

„Der taugt nichts mehr", antwortet der Papa und denkt sich
nichts dabei. „Jetzt geh schon und hol die Säge, solange es noch
Tag ist."

Jakob ist entsetzt. Will sein Papa den alten Birnbaum kalt-
blütig wegputzen? Na, das wird er, der Jakob, aber zu verhindern
wissen. Klar. Er wird zum Birnbaumretter werden! Eilig rennt er
zum Schuppen. Aber anstatt die Säge seinem Papa zu bringen,
versteckt er sie unter der dichten Brombeerhecke.

Als der Jakob überhaupt nicht wiederkommt, geht der Papa
selber zum Schuppen. Aber da ist kein Jakob und keine Säge. Er
sucht und sucht. Schließlich geht er zum Nachbarn und borgt
sich dort eine Säge. Damit geht er zurück in den Garten und
plötzlich - rumms - liegt er da. Er flucht fürchterlich, denn er hat
sich den Arm aufgeschürft und das Knie angeschlagen.

„Ja, um Himmels willen", ruft die Mama und kommt aus der
Küche angerannt. „Wer spannt denn da Bindfaden über den Weg
und streut Erbsen? Und was sollen die alten Apfelkisten mitten
auf dem Weg? Bist du sehr verletzt, Gustav?"

Der Papa sitzt auf der Erde, reibt sich sein verletztes Knie und
muß erst einmal nachdenken. „Der Bub muß verrückt sein",
murmelt er.

„Welcher Bub?" fragt die Mama. „Du meinst doch nicht etwa
unseren Jakob?"

„Doch, den mein ich", schreit jetzt der Papa, denn sein Knie
tut beim Aufstehen gräßlich weh.

„Jetzt komm zuerst einmal in die Küche", sagt seine Frau. Sie
stützt ihn, sie verbindet seinen Arm und reibt sein Knie mit Rin-

gelblumensalbe ein. Sie gießt ihm Kaffee ein, und dann zieht sie den widerstrebenden Jakob unter dem Tisch hervor.

„Was hast du dir nur dabei gedacht, Bub?" fragt sie.

„Ich... ich wollte dem armen Birnbaum das Leben retten", stottert der Jakob und heult, denn so arg hatte er seinem Papa nicht wehtun wollen.

Da muß nun alles von Anfang an beredet werden, das Gedachte und das Getane. Die Mama erklärt dem Jakob, daß der alte Birnbaum schon letzten Winter gestorben ist, weil er sehr alt war. Jetzt muß der Papa ihn absägen und einen neuen, kleinen Baum pflanzen, der eines Tages wieder gelbe Birnen tragen kann. Weil halt alles, was lebt, auch vergänglich ist.

„Weißt du was", sagt der Papa. „Ich laß den Baum noch eine Weile stehen. Dann kannst du im Frühjahr selbst sehen, daß er keine grünen Blätter mehr treibt. Und – aua – das nächste Mal redest du ein bißchen ausführlicher mit mir!"

Jakob legt seine Hand vorsichtig auf das blaue Knie vom Papa und ist froh, so froh, daß seine Mama und sein Papa die ganze, verworrene Welt wieder in Ordnung gebracht haben.

Warum die Glühwürmchen leuchten

„Johanniswürmchen, fliege aus,
denn in der Sonne brennt ein Haus",
singen die Kinder zur Mittsommerzeit.
„Mein schönes Liebchen wohnt darin,
viel treue Grüße bring ich ihm."

Dann fliegen die Glühwürmchen in großen Scharen über die duftenden Kräuterwiesen, wie Sterne.

Die Glühwürmchenweibchen können nicht fliegen. Sie sitzen im Laub und knipsen zuweilen ihre kleinen Lampen an, wenn sie nämlich ihren Liebsten rufen wollen. Kommt man ihnen zu nahe, wird es dunkel. Darum sind sie sehr schwer zu fangen.

An all dies mußte die alte Gertrud denken, als sie jetzt zum Fenster hinausschaute. Sie saß in einem kleine Zimmer des städtischen Altersheims. Ihr Mann war schon lange gestorben und ihre Kinder in die weite Welt hinausgezogen. Ab und zu kam ein Brief, ein Foto, ein Telefongespräch.

Gertrud wartete auf den Tod. Sie war jetzt 89 Jahre alt. Die Einsamkeit schmerzte sie mehr als die alten Knochen. Die Stadt war ihr fremd. Nie hatte sie hier gerne gelebt, nur leben müssen. Gertrud war immer ein Landkind, eine Landfrau gewesen.

Sie schaute auf die Straße, die grau und häßlich in der Abenddämmerung dalag. Ununterbrochen rasten die Autos, quietschte die Straßenbahn, knatterten die Motorräder.

Sie konnte ein kleines Eckchen des Parks sehen und einen Fliederbusch. Ein kleiner Junge spielte dort. Oder war es ein Mädchen? Ihre Kinder waren auch einmal so klein gewesen, dachte Gertrud. Wie lange war das schon her. Sie hatte ihrem kleinen Mädchen so gerne die Haare gebürstet: dreißig Bürstenstriche am Abend. Und dann einen Nachtzopf.

„Johanniswürmchen, fliege aus,
denn in der Sonne brennt ein Haus…
Kehrst du dann wiederum zurück,
bring mir ein Stückchen Sonne mit."

Unterdessen war es dunkel geworden und ein wenig stiller. Das Kind war nach Hause gegangen. Aber da, auf einmal sah sie es, das kleine Pünktchen am Fliederbusch. Das mußte ein Glühwürmchen sein. Und da noch eins und noch eins.

Gertrud wurde ganz aufgeregt. Es überkam sie ein fiebriges Gefühl, so wie früher in der Johannisnacht, wenn sie auf den Liebsten gewartet hatte. Es war, als sollte in dieser lauen Sommernacht all ihr Elend zu Ende gehen.

„Bring mir ein Stückchen Sonne mit", summte sie.

„Das wird dich dann in deinem Innern
an dein getreues Lieb' erinnern."

Plötzlich stand Gertrud auf. Sie zog schnell ihr blaues Kleid mit der Strickjacke an, nahm ihre Reisetasche und ging unbemerkt zur Tür hinaus. Wie im Traum ging sie zum Park und zum Fliederbusch, denn sie hörte ganz deutlich das Glühwürmchen rufen.

Glühwürmchen sind schwer zu fangen. Ja, das wußte sie. Sie hielt ihre Hand in den Busch. Da verloschen die Lämpchen. Aber ein Glühwürmchen krabbelte auf ihre Hand. Sie tat es in eine leere Streichholzschachtel. Dort fing es nach einer Weile wieder an zu glühen. Es sprach unablässig mit ihr, wie damals, als Thomas ihr die Glühwürmchenschachtel heimlich auf die Fensterbank gestellt hatte.

„Komm mit, komm mit", flüsterte es.

Gertrud fuhr mit der Straßenbahn zum Bahnhof, kaufte eine Fahrkarte und stieg in den Nachtzug. Als es Morgen wurde, war sie in ihrem Heimatland angekommen. Sie kaufte zwei Brote und eine Flasche Milch. Jetzt reichte ihr Geld gerade noch für eine Busfahrkarte. Der Bus brachte sie nach vielen Stunden dahin, wo Hase und Fuchs sich gute Nacht sagen. Das Glühwürmchen kicherte. „Was wollen Sie denn hier draußen?" fragte der Busfahrer und sah der alten Frau kopfschüttelnd nach.

141

Jetzt mußte Gertrud laufen, den weiten Weg durch den hellen Sommerwald. Der Geruch von Pilzen und Kräutern überfiel sie wie ein Schauer. Sie vergaß ihr Alter.

„Weißt du noch, wie ich hier langging, hintern Tannensarg, in dem sie den Thomas trugen?" fragte Gertrud das Glühwürmchen. „Es war Sommer wie jetzt", wisperte es. „Und du konntest mich durch deine Tränen nicht sehen."

„Ich habe dich wohl gesehen", sagte Gertrud, „als ich allein am Abend nach Hause ging und den Krieg verfluchte."

„Weißt du noch", sagte sie nach einer Weile, „wie ich hier immer ging, um das Gemüse und die Eier im Ort zu verkaufen, ein Kind an der Hand, das andere auf dem Arm?"

„Oh ja", wisperte das Glühwürmchen. „Ich hab dich wohl gesehen, wenn ihr abends nach Hause kamt. Die Kinder glücklich und du sehr müde. Es waren schöne Kinder. Die Mühe für sie hat sich gelohnt."

„Weißt du noch", sagte Gertrud, und ihre Schritte schienen ein wenig beschwingter zu werden, „wie ich hier ging, den Brautstrauß in der Hand. Und neben mir ging ein schmucker Bursch im Sonntagsanzug."

Das Glühwürmchen glühte. „Und die Blasmusik vorneweg", sagte es. „Ach, wie wart ihr aufgeregt am Morgen und ausgelassen am Abend."

Es wurde dunkel, als sie auf die Waldlichtung kamen. Erschöpft setzte Gertrud sich auf die alte Bank.

„Hier hat der Thomas mich gefangen", verkündete das Glühwürmchen. „Das war keine leichte Sache. Aber wer so verliebt ist wie der Thomas damals, dem gelingt einfach alles."

„So verliebt." Gertrud seufzte und meinte, den Thomas neben sich zu spüren.

Sie aß ein Stück Brot, trank von der Milch und schlief ein. Im Traum tanzte sie auf der Johanniswiese und sprang mit Thomas durchs Feuer. Darum taten ihr wohl am Morgen die Knie so weh. Nachdem sie wieder ein Stück Brot gegessen hatte, ging Gertrud langsam weiter.

„Weißt du noch, wie ich hier immer die Sommerbeeren gesammelt habe?" fragte sie das Glühwürmchen. Das war noch ganz verschlafen und seufzte. „Ein niedliches, kleines Ding warst du. Immer unterwegs, immer auf Trab. Stillesitzen war nicht deine Sache."

Jetzt hörte der Wald auf, und die ehemaligen Felder waren zu sehen, eingegrenzt von Windschutzhecken. Dort hatten sich immer die Tiere versteckt, Hasen, Igel und allerlei Vögel. Wildnis bedeckte jetzt die Felder, und das kleine Bauernhaus war in sich zusammengesunken. Mühsam bahnte Gertrud sich den Weg durch das hohe Sommergras. Sie meinte, in der Ferne ihre Mutter rufen zu hören.

„Auf dieses Fensterbrett hat der Thomas damals die Schachtel gestellt, in der er dich gefangen hatte, nicht wahr?" sagte Gertrud versonnen und strich über das morsche Holz. Sie erkannte das Herzklopfen wieder, das sie damals gehabt hatte.

„Ja, ja. Sollte er dir doch die Freude machen! Hatte ja sonst nichts zu verschenken." Das Glühwürmchen tat großzügig.

„Aber in Wirklichkeit war ich schon immer da. Schon als sie dich nach dem ersten Schrei in die Birkenwiege legten, habe ich nachts bei dir gewacht. Und wenn ich dich nicht mit meinem Leuchten zum Waldesrand gelockt hätte, wärst du nie von Mutters Rockzipfel losgekommen."

„Jetzt hast du mich wieder in diesen Wald gelockt." Gertrud lachte. „Ohne dich hätte ich diese Reise niemals gewagt. Die ver-

143

dutzten Gesichter der Leute im Altersheim möchte ich zu gerne sehen!"

Langsam öffnete Gertrud die alte Haustür. Wie im Märchenschlaf lag die Stube, mit Tisch und Bett und Herd. Das Geschirr stand noch auf der Konsole.

Gertrud sah viele Frauen kommen und gehen und am Herd hantieren, lautlos; sah viele Männer kommen und gehen, alte und junge Gesichter; sah Birkenwiege und Tannensärge.

Das zusammengesunkene Haus knarrte. Liebe und Leid seufzten in seinem Holz. Gertrud war jetzt sehr müde. Sie legte sich auf das Bett, in dem sie geboren war und schlief ein. Das Glühwürmchen leuchtete an ihrem Kopfende.

Jetzt wißt ihr, warum Glühwürmchen leuchten, warum es Glühwürmchen geben muß, die einen ins Leben locken, die einen durchs Leben führen bis ans Ende, das dann wieder zum Anfang zurückführt, und vielleicht noch weit darüber hinaus.